CARTA ENCÍCLICA

REDEMPTOR HOMINIS

DO SUMO PONTÍFICE

JOÃO PAULO II

DIRIGIDA
AOS VENERÁVEIS IRMÃOS
NO EPISCOPADO
AOS SACERDOTES
E ÀS FAMÍLIAS RELIGIOSAS
AOS FILHOS E FILHAS DA IGREJA
E A TODOS OS HOMENS
DE BOA VONTADE
NO INÍCIO DO SEU MINISTÉRIO PONTIFICAL

© Amministrazione del Patrimonio della Santa Sede Apostolica
© Dicastero per la Comunicazione – Libreria Editrice Vaticana, 1990
Publicação autorizada por © Conferência Nacional dos Bispos do Brasil

11ª edição – 2010
5ª reimpressão – 2024

Nenhuma parte desta obra poderá ser reproduzida ou transmitida por qualquer forma e/ou quaisquer meios (eletrônico ou mecânico, incluindo fotocópia e gravação) ou arquivada em qualquer sistema ou banco de dados sem permissão escrita da Editora. Direitos reservados.

Cadastre-se e receba nossas informações
paulinas.com.br
Telemarketing e SAC: 0800-7010081

Paulinas
Rua Dona Inácia Uchoa, 62
04110-020 – São Paulo – SP (Brasil)
📞 (11) 2125-3500
✉ editora@paulinas.com.br

© Pia Sociedade Filhas de São Paulo – São Paulo, 1990

CARTA ENCÍCLICA
DO SUMO PONTÍFICE
JOÃO PAULO II

**Veneráveis irmãos e caríssimos filhos:
saúde e bênção apostólica!**

I
HERANÇA

1. No final do segundo milênio

O Redentor do homem, Jesus Cristo, é o centro do cosmos e da história. Para ele se dirigem o meu pensamento e o meu coração nesta hora solene da história, que a Igreja e a inteira família da humanidade contemporânea estão vivendo. Efetivamente, este tempo, no qual, depois do predileto predecessor João Paulo I, por um seu misterioso desígnio, Deus me confiou o serviço universal ligado com a Cátedra de São Pedro em Roma, está muito próximo já do ano 2000. É difícil dizer, neste momento, o que esse ano virá a marcar no quadrante da história humana, e como é que ele virá a ser para cada um dos povos, nações, países e continentes, muito embora se tente, já desde agora, prever alguns eventos. Para a Igreja, para o Povo de Deus que se estendeu – ainda que de maneira desigual – até aos mais longínquos confins da terra, esse ano virá a ser o ano de um grande Jubileu. Estamos já, portanto, aproximando-nos de tal data que – embora respeitando todas as correções devidas à exatidão cronológica – nos recordará e nos renovará de maneira particular a consciência da verdade-chave da fé, expressa por São João nos inícios do seu Evangelho: "O Verbo fez-se carne e veio habitar entre nós" (Jo 1,14); e em outra passagem: "Deus, de fato, amou de tal modo o mundo, que lhe deu o seu Filho unigênito, para que todo o que nele crer não pereça, mas tenha a vida eterna" (Jo 3,16).

Estamos também, de alguma maneira, no tempo de um novo Advento, que é tempo de expectativa. "Deus, depois de ter falado outrora aos nossos pais, muitas vezes e de muitos modos, pelos Profetas, falou-nos nestes últimos tempos pelo Filho..." (Hb 1,1s), por meio do Filho-Verbo que se fez homem e nasceu da Virgem Maria. Com esse ato redentor a história do homem atingiu, no desígnio de amor de Deus, o seu vértice. Deus entrou na história da humanidade e, enquanto homem, tornou-se sujeito a ela, um dos milhares de milhões e, ao mesmo tempo, Único! Deus, por meio da encarnação, deu à vida humana aquela dimensão que intentava dar ao homem já desde o seu primeiro início e a deu de maneira definitiva – daquele modo a ele somente peculiar, segundo o seu eterno amor e a sua misericórdia, com toda a divina liberdade – e, simultaneamente, com aquela munificência que, perante o pecado original e toda a história dos pecados da humanidade e perante os erros da inteligência, da vontade e do coração humano, nos dá ensejo de repetir com assombro as palavras da sagrada liturgia: "Ó ditosa culpa, que tal e tão grande Redentor mereceu ter".[1]

2. Primeiras palavras do novo pontificado

A Cristo Redentor elevei os meus sentimentos e pensamentos a 16 de outubro do ano passado, quando, após a eleição canônica, me foi feita a pergunta: "Aceitais?". E eu respondi então: "Com obediência de fé em Cristo, meu Senhor, e confiando na Mãe de Cristo e da Igreja, não obstante as muitas dificuldades, eu aceito". Quero hoje dar a conhecer publicamente aquela minha resposta a todos, sem exceção alguma, tornando assim manifesto que está ligado com a verdade primeira e fundamental da encarnação o

---

[1] *Missal Romano*, Hino *Exsultet* da Vigília Pascal.

ministério que, com a aceitação da eleição para Bispo de Roma e para Sucessor do Apóstolo Pedro, se tornou meu específico dever na sua mesma Cátedra.

Escolhi os mesmos nomes que havia escolhido o meu amadíssimo predecessor João Paulo I. Efetivamente, quando a 26 de agosto de 1978 ele declarou ao Sacro Colégio (dos Cardeais) que queria ser chamado João Paulo – um binômio deste gênero não tinha antecedentes na história do papado –, já então reconheci nisso um eloquente bom auspício da graça sobre o novo pontificado. E dado que esse pontificado durou apenas trinta e três dias, cabe a mim não somente continuá-lo, mas, de certo modo, retomá-lo desse mesmo ponto de partida. Isso precisamente é confirmado pela escolha, feita por mim, desses dois nomes. E ao escolhê-los assim, em seguida ao exemplo do meu venerável predecessor, desejei, como ele também, exprimir o meu amor pela singular herança deixada à Igreja pelos Sumos Pontífices João XXIII e Paulo VI; e, ao mesmo tempo, manifestar a minha disponibilidade pessoal para a desenvolver com a ajuda de Deus.

Por meio desses dois nomes e dos dois pontificados, quero vincular-me a toda a tradição desta Sé Apostólica, com todos os predecessores no espaço de tempo deste século XX e dos séculos precedentes, ligando-me gradualmente, segundo as diversas épocas até às mais remotas, àquela linha da missão e do ministério que confere à Sé de Pedro um lugar absolutamente particular na Igreja. João XXIII e Paulo VI constituem uma etapa à qual desejo referir-me diretamente, como a um limiar do qual é minha intenção, de algum modo juntamente com João Paulo I, prosseguir no sentido do futuro, deixando-me guiar por confiança ilimitada e pela obediência ao Espírito, que Cristo prometeu e enviou à sua Igreja. Ele, efetivamente, dizia aos seus apóstolos, na véspera da sua Paixão: "É melhor para vós que eu vá; porque, se eu não for, o Consolador não virá a vós; mas, se eu for, o enviarei a vós" (Jo 16,7). "Quando vier o Consolador, que eu vos hei de enviar da parte do Pai, o Espírito da verdade que do Pai procede, ele dará testemunho de Mim. E vós também dareis testemunho de Mim, porque estais comigo desde o princípio" (Jo 15,26s). "Quando, porém, ele vier, o Espírito da verdade, ele irá vos guiar para a verdade total, porque não falará por si mesmo, mas dirá tudo o que tiver ouvido e vos anunciará as coisas vindouras" (Jo 16,13).

3. Confiança no Espírito da verdade e do amor

É, pois, confiando plenamente no Espírito da verdade que eu entro na posse da rica herança dos pontificados recentes. Essa herança acha-se fortemente radicada na consciência da Igreja de maneira absolutamente nova, nunca antes conhecida, graças ao Concílio Vaticano II, convocado e inaugurado por João XXIII e, em seguida, concluído felizmente e atuado com perseverança por Paulo VI, cuja atividade eu próprio pude observar de perto. Fiquei sempre maravilhado com sua profunda sapiência e com sua coragem, e igualmente com sua constância e paciência no difícil período pós-conciliar do seu pontificado. Como timoneiro da Igreja, barca de Pedro, ele sabia conservar uma tranquilidade e um equilíbrio providenciais mesmo nos momentos mais críticos, quando parecia que ela estava sendo abalada por dentro, mantendo sempre uma inquebrantável esperança na sua compacidade. Aquilo, de fato, que o Espírito disse à Igreja mediante o Concílio do nosso tempo, e aquilo que esta Igreja diz a todas as Igrejas (cf. Ap 2,7), não pode – apesar das inquietudes momentâneas – servir para outra coisa senão para uma coesão mais amadurecida ainda de todo o Povo de Deus, bem consciente da sua missão salvífica.

Dessa consciência contemporânea da Igreja precisamente, Paulo VI fez o primeiro tema da sua fundamental Encíclica, que se inicia com as palavras *Ecclesiam suam*; e seja-me permitido fazer referência e pôr-me em conexão, antes de tudo, com essa Encíclica, neste primeiro e, por assim dizer, inaugural documento do presente pontificado. Com as luzes e com o apoio do Espírito Santo, a Igreja tem uma consciência cada vez mais aprofundada quer pelo que se refere ao seu mistério divino, quer por sua missão humana, quer até mesmo, finalmente, quanto a todas as suas fraquezas humanas: essa consciência, precisamente, é e deve permanecer a primeira fonte do amor por esta Igreja, assim como o amor, da sua parte, contribui para consolidar e para aprofundar tal consciência. Paulo VI deixou-nos, assim, o testemunho de uma consciência da Igreja extremamente perspicaz. Mediante múltiplas e, não raro, sofridas componentes do seu pontificado, ele ensinou-nos o amor destemido pela Igreja, a qual – como afirma o Concílio – é "sacramento, ou sinal, e instrumento da íntima união com Deus e da unidade de todo o gênero humano".[2]

4. Referência à primeira Encíclica de Paulo VI

Por tal razão, exatamente, a consciência da Igreja deve estar unida com uma abertura universal, a fim de que todos possam nela encontrar "as imperscrutáveis riquezas de Cristo" (Ef 3,8), das quais fala o Apóstolo das gentes. Tal abertura, organicamente

---

[2]   Conc. Vat. II, Const. dogm. *Lumen gentium*, 1: AAS 57 (1965) 5.

conjunta com a consciência da própria natureza, com a certeza da própria verdade, da qual o mesmo Cristo disse "não é minha, mas do Pai que me enviou" (Jo 14,24), determina o dinamismo apostólico, isto é, missionário, da Igreja, professando e proclamando integralmente toda a verdade transmitida por Cristo. E simultaneamente ela, a Igreja, deve conduzir aquele diálogo que Paulo VI, na sua Encíclica *Ecclesiam suam*, chamou "diálogo da salvação", diferenciando com precisão cada um dos círculos no âmbito dos quais ele deveria ser realizado.[3]

Quando assim me refiro hoje a esse documento programático do pontificado de Paulo VI, não cesso de dar graças a Deus pelo fato de esse meu grande predecessor, e ao mesmo tempo verdadeiro pai, ter sabido – não obstante as diversas fraquezas internas, por que foi afetada a Igreja no período pós-conciliar – patentear *ad extram*, "para o exterior", o seu autêntico rosto. De tal maneira, também grande parte da família humana, nas diversas esferas da sua multiforme existência, se tornou – na minha opinião – mais consciente do fato de lhe ser necessária verdadeiramente a Igreja de Cristo, a sua missão e o seu serviço. E essa consciência algumas vezes se mostrou mais forte do

---

[3] Paulo VI, Enc. *Ecclesiam suam*: AAS 56 (1964) 650ss.

que as diversas atitudes críticas que atacavam *ab intra*, vindas "de dentro", a mesma Igreja, as suas instituições e estruturas, e os homens da Igreja e as suas atividades.

Tal crítica crescente teve, sem dúvida, diversas causas e, por outro lado, estamos certos de que ela não foi sempre destituída de um sincero amor à Igreja. Manifestou-se nela, indubitavelmente, entre outras coisas, a tendência de superar o chamado "triunfalismo", de que se discutia com frequência durante o Concílio. No entanto, se é uma coisa acertada que a Igreja, seguindo o exemplo do seu Mestre que era "humilde de coração" (Mt 11,29), esteja fundada também ela na humildade, que possua o sentido crítico a respeito de tudo aquilo que constitui o seu caráter e a sua atividade humana e que seja sempre muito exigente para consigo própria, é óbvio igualmente que também a crítica deve ter os seus justos limites. Caso contrário, ela deixa de ser construtiva, não revela a verdade, o amor e a gratidão pela graça, da qual principal e plenamente nos tornamos participantes exatamente na Igreja e mediante a Igreja. Além disto, o espírito crítico não exprime a atitude de serviço, mas antes a vontade de orientar a opinião de outrem segundo a própria opinião, algumas vezes divulgada de maneira assaz imprudente.

Deve-se gratidão a Paulo VI ainda porque, respeitando toda e qualquer parcela de verdade contida nas várias opiniões humanas, ele conservou ao mesmo tempo o equilíbrio providencial do timoneiro da Barca.[4] A Igreja que – por meio de João Paulo I – quase imediatamente depois dele me foi confiada, não se acha certamente isenta de dificuldades e de tensões internas. Entretanto, ela encontra-se interiormente mais premunida contra os excessos do autocriticismo; poder-se-ia dizer, talvez, que ela é mais crítica diante das diversas críticas imprudentes, e está mais resistente no que respeita às várias "novidades", mais maturada no espírito de discernimento e mais idônea para tirar do seu perene tesouro "coisas novas e coisas velhas" (Mt 13,52), mais centrada no próprio mistério e, graças a tudo isso, mais disponível para a missão da salvação de todos: "Deus quer que todos os homens se salvem e cheguem ao conhecimento da verdade" (1Tm 2,4).

---

[4] A serem recordados os documentos mais salientes do pontificado de Paulo VI, alguns dos quais foram recordados pelo próprio pontífice na homilia pronunciada durante a *Missa da Solenidade dos Apóstolos São Pedro e São Paulo*, no ano de 1978: Enc. *Ecclesiam suam*: AAS 56 (1964) 609-659; Exort. apost. *Investigabiles divitias Christi*: AAS 57 (1965) 298-301; Enc. *Mysterium Fidei*: AAS 57 (1965) 753-774; Enc. *Sacerdotalis caelibatus*: AAS 59 (1967) 657-697; *Sollemnis professio Fidei*: AAS 60 (1968) 433-445; Exort. apost. *Quinque iam anni*: AAS 63 (1971) 97-106; Exort. apost. *Evangelica testificatio*: AAS 63 (1971) 497-535; Exort. apost. *Paterna cum benevolentia*: AAS 67 (1975) 5-23; Exort. apost. *Gaudete in Domino*: AAS 67 (1975) 289-322; Exort. apost. *Evangelii nuntiandi*: AAS 68 (1976) 5-76.

5. Colegialidade e apostolado

Esta Igreja – contra todas as aparências – está mais unida na comunhão de serviço e na consciência do apostolado. Tal união nasce daquele princípio de colegialidade recordado pelo Concílio Vaticano II, que o próprio Cristo incutiu no Colégio Apostólico dos Doze, com Pedro na chefia, e que renova continuamente no Colégio dos Bispos, o qual cresce cada vez mais sobre toda a terra, permanecendo unido com o Sucessor de São Pedro e sob a sua orientação. O Concílio não se limitou a recordar esse princípio de colegialidade dos bispos, mas também o vivificou imensamente, além do mais, auspiciando a instituição de um órgão permanente, que Paulo VI estabeleceu constituindo o Sínodo dos Bispos, cuja atividade não somente deu uma nova dimensão ao seu pontificado, como também, em seguida, se refletiu claramente, logo, desde os primeiros dias no pontificado de João Paulo I e no do seu indigno sucessor.

O princípio de colegialidade demonstrou-se particularmente atual no difícil período pós-conciliar, quando a comum e unânime posição do Colégio dos Bispos – o qual manifestou a sua união ao sucessor de Pedro sobretudo por meio do Sínodo – contribuía para dissipar as dúvidas e indicava ao mesmo tempo os justos caminhos da renovação da Igreja, na sua dimensão universal. Do Sínodo, efetivamente, se originou, entre outras coisas, aquele impulso essencial para a evangelização, que teve a sua expressão na Exortação Apostólica *Evangelii nuntiandi*,[5] acolhida com tanta alegria como programa da renovação de caráter apostólico e conjuntamente pastoral. A mesma linha foi seguida também nos trabalhos da última sessão ordinária do Sínodo dos Bispos, aquela que se realizou cerca de um ano antes da morte do Sumo Pontífice Paulo VI, a qual foi dedicada, como é sabido, à catequese. Os resultados daqueles trabalhos requerem ainda uma sistematização e uma enunciação por parte da Sé Apostólica.

E uma vez que estamos tratando do manifesto desenvolvimento das formas em que se exprime a colegialidade episcopal, devemos pelo menos recordar o processo de consolidação das Conferências Episcopais Nacionais em toda a Igreja e de outras estruturas colegiais de caráter internacional ou continental. Referindo-nos, depois, à tradição secular da Igreja, convém salientar a atividade dos diversos Sínodos locais. Foi de fato ideia do Concílio, coerentemente atuada por Paulo VI, que as estruturas desse gênero,

---

[5] Cf. Paulo VI, Exort. apost. *Evangelii nuntiandi*: AAS 58 (1976) 5-76.

de há séculos comprovadas pela Igreja, bem como as outras formas de colaboração colegial dos bispos – por exemplo a que se centra nas metrópoles, para não falar já de cada uma das dioceses singularmente tomadas – pulsassem em plena consciência da própria identidade, bem como da própria originalidade, na unidade universal da Igreja.

Um idêntico espírito de colaboração e de corresponsabilidade se está difundindo também entre os sacerdotes, o que é confirmado pelos numerosos Conselhos Presbiterais que surgiram após o Concílio. O mesmo espírito se difundiu também entre os leigos, não apenas confirmando as organizações de apostolado laical já existentes, mas criando outras novas, que não raro se apresentam com um perfil diverso e uma dinâmica excepcional. Além disso, os leigos, conscientes da sua responsabilidade pela Igreja, aplicaram-se de boa vontade na colaboração com os pastores e com os representantes dos Institutos de Vida Consagrada, no âmbito dos Sínodos diocesanos e dos Conselhos pastorais nas paróquias e nas dioceses.

Para mim importa ter em mente tudo isso nos inícios do meu pontificado, para agradecer a Deus, para exprimir um vivo encorajamento a todos os irmãos e irmãs e, além disso, para recordar com sentida gratidão a obra do Concílio Vaticano II e os meus grandes predecessores, que deram início a essa nova "onda" que anima a vida da Igreja, movimento muito mais forte do que os sintomas de dúvida, de abalo e de crise.

6. Caminho para a união dos cristãos

E que dizer de todas aquelas iniciativas que se originaram da nova orientação ecumênica? O inesquecível Papa João XXIII, com clareza evangélica, focalizou o problema da união dos cristãos como simples consequência da vontade do próprio Jesus Cristo, nosso Mestre, afirmada por mais de uma vez e expressa, de modo particular, durante a oração no Cenáculo, na véspera da sua morte: "Rogo... Pai... que todos sejam uma só coisa" (Jo 17,21; cf. 11,22-23; 10,16; Lc 9,49-50.54). E o Concílio Vaticano II respondeu a essa exigência de forma concisa com o Decreto sobre o Ecumenismo. O Papa Paulo VI, por sua vez, valendo-se da colaboração do Secretariado para a União dos Cristãos, começou a dar os primeiros e difíceis passos na caminhada para a conquista dessa união.

Já teríamos andado muito nessa caminhada? Sem querer dar uma resposta pormenorizada, podemos dizer que fizemos verdadeiros e importantes progressos. E uma coisa é certa: temos trabalhado com perseverança e coerência; e juntamente conosco empenharam-se também os representantes de outras Igrejas e de outras comunidades cristãs, pelo que lhes somos sinceramente gratos. Depois, é certo também que, na presente situação histórica da cristandade e do mundo, não se apresenta outra possibilidade para se cumprir a missão universal da Igreja no diz respeito aos problemas ecumênicos, senão esta: procurar lealmente, com perseverança, com humildade e também com coragem, os caminhos de aproximação e de união daquele modo que nos deixou o exemplo pessoal o Papa Paulo VI. Devemos buscar a união, portanto, sem nos deixar vencer pelo desânimo perante as dificuldades que se possam apresentar ou acumular ao longo de tal caminho; caso contrário, não seríamos fiéis à palavra de Cristo, não executaríamos o seu testamento. E será lícito correr tal risco?

Há pessoas que, encontrando-se diante das dificuldades, ou julgando negativos os resultados dos trabalhos iniciais no campo ecumênico, teriam tido vontade de voltar atrás. Há mesmo alguns que exprimem a opinião de que esses esforços são nocivos para a causa do Evangelho e levam a uma ulterior ruptura na Igreja, provocam a confusão de ideias nas questões da fé e da moral e vão desembocar em um específico indiferentismo. Talvez seja um bem que os porta-vozes de tais opiniões exprimam os seus receios;

no entanto, também pelo que se refere a esse ponto, é necessário manter-se dentro dos devidos limites. É claro que essa nova fase da vida da Igreja exige de nós uma fé particularmente consciente, aprofundada e responsável. A verdadeira atividade ecumênica comporta abertura, aproximação, disponibilidade para o diálogo e busca em comum da verdade no pleno sentido evangélico e cristão; porém tal atividade de maneira nenhuma significa nem pode significar renunciar ou causar dano de qualquer modo aos tesouros da verdade divina, constantemente confessada e ensinada pela Igreja.

A todos aqueles que, por qualquer motivo, quereriam dissuadir a Igreja de buscar a unidade universal dos cristãos, é necessário repetir ainda uma vez: ser-nos-á lícito deixar de o fazer? Poderemos nós – não obstante toda a fraqueza humana, todas as deficiências acumuladas nos séculos passados – não ter confiança na graça de Nosso Senhor, tal como ela se manifestou nos últimos tempos, mediante a palavra do Espírito Santo, que ouvimos durante o Concílio? Se procedêssemos assim, negaríamos a verdade que diz respeito a nós mesmos e que o Apóstolo expressou de maneira tão eloquente: "Pela graça de Deus sou aquilo que sou, e a graça que ele me conferiu não foi estéril em mim" (1Cor 15,10).

Embora de modo diverso e com as devidas diferenças, importa aplicar isso que acabamos de dizer agora à atividade que intenta a aproximação com os representantes das religiões não cristãs, e que se exprime também ela por meio do diálogo, dos contatos, da oração em comum e da busca dos tesouros da espiritualidade humana, os quais, como bem sabemos, não faltam também aos membros dessas religiões. Não acontece, porventura, algumas vezes, que a crença firme dos sequazes das religiões não cristãs – crença que é feita também ela do Espírito da verdade operante para além das fronteiras visíveis do Corpo Místico – deixa confusos os cristãos, não raro tão dispostos, por sua vez, a duvidar quanto às verdades reveladas por Deus e anunciadas pela Igreja, e tão propensos ao relaxamento dos princípios da moral e a abrir o caminho ao permissivismo ético? É nobre estar predisposto a compreender cada um dos homens, a analisar todos os sistemas e a dar razão àquilo que é justo; isso, porém, não significa absolutamente perder a certeza da própria fé[6] ou então enfraquecer os princípios da moral, cuja falta bem depressa se fará ressentir na vida de sociedades inteiras, causando aí, além do mais, deploráveis consequências.

---

[6] Cf. Conc. Vat. I, Const. dogm. *Dei Filius*, cân. III *De fide*, n. 6: *Conciliorum Oecumenicorum Decreta*, Ed. Istituto per le Scienze religiose, Bologna 1973³, p. 811.

II
O MISTÉRIO DA REDENÇÃO

7. No mistério de Cristo

Entretanto, se os caminhos a seguir, para os quais o Concílio do nosso século orientou a Igreja, e também nos indicou, na sua primeira Encíclica, o saudoso Papa Paulo VI, permanecerão de modo duradouro exatamente os caminhos que todos devemos seguir, ao mesmo tempo nesta nova fase podemos justamente interrogar-nos: como? De que maneira será conveniente prosseguir? O que será necessário fazer para que este novo advento da Igreja, conjugado com o já iminente fim do segundo milênio, nos aproxime daquele que a Sagrada Escritura chama "Pai Perpétuo", *Pater futuri saeculi*? (Is 9,6). Esta é a pergunta fundamental que o novo Sumo Pontífice deve fazer-se, desde o momento em que aceitou, em espírito de obediência de fé, o chamamento em conformidade com a ordem mais de uma vez dirigida a Pedro: "Apascenta os meus cordeiros" (Jo 21,15); o que quer dizer: "Sê pastor do meu rebanho"; e depois: "... e tu, uma vez convertido, confirma os teus irmãos" (Lc 22,32).

É precisamente aqui neste ponto, caríssimos irmãos, filhos e filhas, que se impõe uma resposta fundamental e essencial, a saber: a única orientação do espírito, a única direção da inteligência, da vontade e do coração para nós é esta: na direção de Cristo, Redentor do homem; na direção de Cristo, Redentor do mundo. Para ele queremos olhar, porque só nele, Filho de Deus, está a salvação, renovando a afirmação de Pedro: "Para quem iremos nós, Senhor? Tu tens as palavras de vida eterna" (Jo 6,68; cf. At 4,8-12).

Por meio da consciência da Igreja, tão desenvolvida pelo Concílio, por meio de todos os graus dessa consciência, por meio de todos os campos de atividade onde a Igreja se afirma presente, se encontra e se consolida, devemos tender constantemente para aquele "que é a Cabeça" (cf. Ef 1,10.22; 4,25; Cl 1,18), para "aquele de quem tudo provém e nós somos criados para ele" (1Cor 8,6; Cf. Cl 1,17), para aquele que é, ao mesmo tempo, "o caminho e a verdade" (Jo 14,6) e "a ressurreição e a vida" (Jo 11,25), para aquele em quem vemos o Pai (cf. Jo 11,25), para aquele, enfim, que devia ir, deixando-nos (cf. Jo 16,7) – entende-se aqui a alusão à sua morte na cruz e depois à sua Ascensão ao Céu –, para que o Consolador viesse a nós e continue a vir constantemente como o Espírito da verdade (cf. Jo 16,7.13). Nele estão "todos os tesouros da sabedoria e da ciência" (Cl 2,3) e a Igreja é o seu Corpo (cf. Rm 12,5; 1Cor 6,15; 10,17; 12,12.27; Ef 1,23; 2,16; 4,4; Cl 1,24; 3,15). A Igreja "em Cristo é como que um sacramento, ou sinal, e instrumento da íntima união com Deus e da unidade de todo o gênero humano";[1] e disso é ele a fonte! Ele mesmo! Ele o Redentor!

A Igreja não cessa de ouvir as suas palavras, continuamente as relê e reconstrói com a máxima devoção todos os pormenores da sua vida. Essas palavras são escutadas também pelos não cristãos. A vida de Cristo fala ao mesmo tempo também a muitos homens que ainda não se acham em condições de repetir com Pedro: "Tu és o Cristo, o Filho de Deus vivo" (Mt 16,16). Ele, Filho de Deus vivo, fala aos homens também como Homem: é a sua própria vida que fala, a sua humanidade, a sua fidelidade à verdade e o seu amor que a todos abraça. Fala, ainda, a sua morte na cruz, isto é, a imperscrutável

---

[1] Conc. Vat. II, Const. dogm. *Lumen gentium*, 1: AAS 57 (1965) 5.

profundidade do seu sofrimento e do seu abandono. A Igreja não cessa nunca de reviver a sua morte na cruz e a sua Ressurreição, que constituem o conteúdo da vida cotidiana da mesma Igreja. De fato, é por mandato do próprio Cristo, seu Mestre, que a Igreja celebra incessantemente a Eucaristia, encontrando nela "a fonte da vida e da santidade",[2] o sinal eficaz da graça e da reconciliação com Deus e o penhor da vida eterna. A Igreja vive o seu mistério e nele vai haurir sem jamais se cansar, e busca continuamente os caminhos para tornar esse mistério do seu Mestre e Senhor próximo do gênero humano: dos povos, das nações, das gerações que se sucedem e de cada um dos homens em particular, como se repetisse sempre, seguindo o exemplo do Apóstolo: "Tomei a resolução de não saber, entre vós, outra coisa, a não ser Jesus Cristo, e Jesus Cristo crucificado" (1Cor 2,2). A Igreja permanece na esfera do mistério da redenção, que se tornou precisamente o princípio fundamental da sua vida e da sua missão.

---

[2] Cf. Ladainhas do Sagrado Coração.

8. Redenção: renovada criação

Redentor do mundo! Nele, revelou-se de modo novo, de maneira admirável, aquela verdade fundamental referente à criação que o Livro do Gênesis atesta quando repete mais de uma vez: Deus viu que as coisas eram boas (cf. Gn 1 *passim*). O bem tem a sua origem na Sabedoria e no Amor. Em Jesus Cristo, o mundo visível, criado por Deus para o homem (cf. Gn 1,26-30) – aquele mundo que, entrando nele o pecado, foi submetido à caducidade (Rm 8,20; cf. ibid. 8,19-22)[3] – readquire novamente o vínculo originário com a mesma fonte divina da Sabedoria e do Amor. Com efeito, "Deus amou tanto o mundo que lhe deu o seu Filho unigênito" (Jo 3,16). Assim como no homem-Adão esse vínculo foi quebrado, do mesmo modo no Homem-Cristo foi de novo reatado (cf. Rm 5,12-21). Não nos convencem, porventura, a nós homens do século XX, as palavras do Apóstolo das gentes, pronunciadas com uma arrebatadora eloquência, acerca da "criação inteira [que] geme e sofre, em conjunto, as dores do parto, até ao presente" (Rm 8,22), e "espera ansiosamente a revelação dos filhos de Deus" (Rm 8,19), acerca da criação que "foi

---

[3] Conc. Vat. II, Const. past. *Gaudium et spes*, 2; 13: AAS 58 (1966) 1026; 1034s.

submetida à caducidade"? O imenso progresso nunca antes conhecido, que se verificou particularmente no decorrer do nosso século, no campo do domínio sobre o mundo por parte do homem, não revela acaso ele próprio e, além disso, em grau nunca antes conhecido, aquela multiforme submissão "à caducidade"? Basta recordar aqui certos fenômenos, como, por exemplo, a ameaça da poluição do ambiente natural nos locais de rápida industrialização, ou então os conflitos armados que rebentam e se repetem continuamente, ou ainda as perspectivas de autodestruição mediante o uso das armas atômicas, das armas com hidrogênio e com os nêutrons e outras semelhantes, e a falta de respeito pela vida dos não nascidos. O mundo da época nova, o mundo dos voos cósmicos, o mundo das conquistas científicas e técnicas, nunca alcançadas antes, não será ao mesmo tempo o mundo que "geme e sofre" (Rm 8,22) e "espera ansiosamente a revelação dos filhos de Deus"? (Rm 8,19).

O Concílio Vaticano II, na sua penetrante análise do "mundo contemporâneo", chegava àquele ponto que é o mais importante do mundo visível, o homem, descendo – como Cristo – até ao profundo das consciências humanas, tocando mesmo o mistério interior do homem, que na linguagem bíblica (e também não bíblica) se exprime com a palavra "coração". Cristo,

Redentor do mundo, é aquele que penetrou, de maneira singular e que não se pode repetir, no mistério do homem e entrou no seu "coração". Justamente, portanto, o mesmo Concílio Vaticano II ensina: "Na realidade, só no mistério do Verbo Encarnado se esclarece verdadeiramente o mistério do homem. Adão, de fato, o primeiro homem, era figura do futuro (Rm 5,14), isto é, de Cristo Senhor. Cristo, que é o novo Adão, na própria revelação do mistério do Pai e do seu Amor, *revela também plenamente o homem ao mesmo homem* e lhe descobre a vocação sublime". E depois, ainda: "Imagem de Deus invisível (Cl 1,15), ele é o homem perfeito que restitui aos filhos de Adão a semelhança divina, deformada desde o primeiro pecado. Já que nele a natureza humana foi assumida, sem ter sido destruída, por isso mesmo também em nosso benefício ela foi elevada a uma dignidade sublime. Porque, pela sua encarnação, ele, o Filho de Deus, *uniu-se de certo modo a cada homem.* Trabalhou com mãos de homem, pensou com mente de homem, agiu com vontade de homem e amou com coração de homem. Nascendo da Virgem Maria, ele tornou-se verdadeiramente um de nós, semelhante a nós em tudo, exceto no pecado".[4] Ele, o Redentor do homem.

---

[4] Conc. Vat. II, Const. past. *Gaudium et spes*, 22: AAS 58 (1966) 1042s.

9. Dimensão divina do mistério da redenção

Ao refletirmos novamente sobre este texto admirável do Magistério conciliar, não esqueçamos, nem sequer por um momento, que Jesus Cristo, Filho de Deus vivo, se tornou a nossa reconciliação junto do Pai (cf. Rm 5,11; Cl 1,20). Ele precisamente e só ele satisfez ao eterno amor do Pai, àquela paternidade que desde o princípio se expressou na criação do mundo, na doação ao homem de toda a riqueza do que foi criado, ao fazê-lo "pouco inferior aos anjos" (Sl 8,6), enquanto criado "à imagem e à semelhança de Deus" (cf. Gn 1,26); e, igualmente, satisfez àquela paternidade de Deus e àquele amor, de certo modo rejeitado pelo homem, com a ruptura da primeira Aliança (cf. Gn 3,6-13) e das alianças posteriores que Deus "repetidas vezes ofereceu aos homens".[5] A redenção do mundo – aquele tremendo mistério do amor em que a criação foi renovada[6] – é, na sua raiz mais profunda, a plenitude da justiça em um Coração humano: no Coração do Filho Primogênito, a fim de que ela possa tornar-se justiça dos corações de muitos homens, os quais, precisamente no Filho Primogênito,

---

[5] Cf. Oração Eucarística IV.

[6] Cf. Conc. Vat. II, Const. past. *Gaudium et spes*, 37: AAS 58 (1966) 1054s; Const. dogm. *Lumen gentium*, 48: AAS 57 (1965) 53s.

foram predestinados desde toda a eternidade para se tornarem filhos de Deus (cf. Rm 8,29s; Ef 1,8) e chamados para a graça, chamados para o amor. A cruz no Calvário, mediante a qual Jesus Cristo – Homem, Filho de Maria Virgem, filho adotivo de José de Nazaré – "deixa" este mundo, é ao mesmo tempo uma nova manifestação da eterna paternidade de Deus, o qual por ele (Cristo) de novo se aproxima da humanidade, de cada um dos homens, dando-lhes o três vezes santo "Espírito da verdade" (cf. Jo 15,26; 16,13).

Com essa revelação do Pai e efusão do Espírito Santo, que imprimem um sigilo indelével no mistério da redenção, se explica o sentido da cruz e da morte de Cristo. O Deus da criação revela-se como Deus da redenção, como Deus "fiel a si próprio" (cf. 1Ts 5,24), fiel ao seu amor para com o homem e para com o mundo, que já se revelara no dia da criação. E esse seu amor é amor que não retrocede diante de nada daquilo que nele mesmo exige a justiça. E por isso o Filho "que não conhecera o pecado, Deus o fez pecado por causa de nós" (2Cor 5,21; cf. Gl 3,13). E se "o fez pecado", ele que era absolutamente isento de qualquer pecado, fê-lo para revelar o amor que é sempre maior do que tudo o que é criado, o amor que é ele próprio, porque "Deus é amor" (1Jo 4,8.16). E sobretudo o amor é maior do que o pecado, do que a fraqueza e do que "a caducidade do que foi criado" (cf. Rm 8,20), mais forte do que a morte; é amor sempre pronto a erguer e a perdoar, sempre pronto a ir ao encontro do filho pródigo (cf. Lc 15,11-32), sempre em busca da "revelação dos filhos de Deus" (Rm 8,19), que são chamados para a glória futura (cf. Rm 8,18). Essa revelação do amor é definida também como misericórdia;[7] e tal revelação do amor e da misericórdia tem na história do homem uma forma e um nome: chama-se Jesus Cristo.

10. Dimensão humana do mistério da redenção

O homem não pode viver sem amor. Ele permanece para si próprio um ser incompreensível e a sua vida é destituída de sentido se não lhe for revelado o amor, se ele não se encontra com o amor, se o não experimenta e se não o torna algo próprio, se nele não participa vivamente. E por isso precisamente Cristo Redentor, como já foi dito acima, revela plenamente o homem ao próprio homem. Essa é – se assim é lícito exprimir-se – a dimensão humana do mistério da redenção. Nessa dimensão o homem reencontra a grandeza, a dignidade e o valor próprios da sua humanidade. No mistério da redenção o homem é

---

[7] Cf. Santo Tomás de Aquino, *Summa Theol.* III, q. 46, *a.l* ad 3.

novamente "reproduzido" e, de algum modo, é novamente criado. Ele é novamente criado! "Não há judeu nem gentio, não há escravo nem livre, não há homem nem mulher: todos vós sois um só em Cristo Jesus" (Gl 3,28). O homem que quiser compreender a si mesmo profundamente – não apenas segundo imediatos, parciais, não raro superficiais e até mesmo só aparentes critérios e medidas do próprio ser – deve, com a sua inquietude, incerteza e também fraqueza e pecaminosidade, com a sua vida e com a sua morte, aproximar-se de Cristo. Ele deve, por assim dizer, entrar nele com tudo o que é em si mesmo, deve "apropriar-se" e assimilar toda a realidade da encarnação e da redenção, para encontrar a si mesmo. Se no homem atuar esse processo profundo, então ele produz frutos, não somente de adoração de Deus, mas também de profunda maravilha perante si próprio. Que grande valor deve ter o homem aos olhos do Criador, se "mereceu ter um tal e tão grande Redentor",[8] se "Deus deu o seu Filho" para que ele, o homem, "não pereça, mas tenha a vida eterna" (cf. Jo 3,16).

Na realidade, aquela profunda estupefação a respeito do valor e da dignidade do homem chama-se "Evangelho", isto é, a Boa-Nova. Chama-se também

---

[8] *Missal Romano*, hino *Exultet* da Vigília Pascal.

"cristianismo". Tal admiração determina a missão da Igreja no mundo, também, e talvez mais ainda, "no mundo contemporâneo". Tal admiração e conjuntamente persuasão e certeza, que na sua profunda raiz é a certeza da fé, mas que de modo recôndito e misterioso vivifica todos os aspetos do humanismo autêntico, está intimamente ligada a Cristo. Ela estabelece também o lugar do próprio Jesus Cristo – se assim se pode dizer –, o seu particular direito de cidadania na história do homem e da humanidade. A Igreja, que não cessa de contemplar o conjunto do mistério de Cristo, sabe com toda a certeza da fé, que a redenção que se verificou por meio da cruz restituiu definitivamente ao homem a dignidade e o sentido da sua existência no mundo; sentido que ele havia perdido em considerável medida por causa do pecado. E por isso a redenção realizou-se no mistério pascal, que, por meio da cruz e da morte, conduz à ressurreição.

A tarefa fundamental da Igreja de todos os tempos e, de modo particular, do nosso, é a de dirigir o olhar do homem e de endereçar a consciência e experiência de toda a humanidade para o mistério de Cristo, de ajudar todos os homens a ter familiaridade com a profundidade da redenção que se verifica em Cristo Jesus. Simultaneamente, toca-se também a esfera mais profunda do homem, a esfera – queremos dizer – dos corações humanos, das consciências humanas e das vicissitudes humanas.

11. O mistério de Cristo na base da missão da Igreja e do cristianismo

O Concílio Vaticano II realizou um trabalho imenso para formar aquela plena e universal consciência da Igreja, acerca da qual escrevia o Papa Paulo VI na sua primeira Encíclica. Tal consciência – ou antes autoconsciência da Igreja – forma-se "no diálogo", o qual, antes de se tornar colóquio, deve voltar a própria atenção para "o outro", ou seja, para aquele com o qual queremos falar. O Concílio Ecumênico deu um impulso fundamental para se formar a autoconsciência da Igreja, apresentando-nos, de maneira adequada e competente, a visão do orbe terrestre como de um "mapa" de várias religiões. Além disso, ele demonstrou como sobre esse "mapa" das religiões do mundo se sobrepõe em estratos – nunca antes conhecidos e característicos da nossa época – o fenômeno do ateísmo nas suas várias formas, começando pelo ateísmo programado, organizado e estruturado em sistema político.

Quanto à religião, trata-se, antes de tudo, da religião como fenômeno universal, conjunto com a história do homem desde o início; depois, das várias religiões não cristãs e, por fim, do próprio cristianismo. O documento do Concílio dedicado às religiões não cristãs é, em particular, um documento cheio de estima profunda pelos grandes valores espirituais, ou melhor, pelo primado daquilo que é espiritual, e que encontra na vida da humanidade a sua expressão na religião e, em seguida, na moralidade, que se reflete em toda a cultura. Justamente os Padres da Igreja viam nas diversas religiões como que outros tantos reflexos de uma única verdade, como que "sementes do Verbo",[9] os quais testemunham que, embora por caminhos diferentes, está, contudo, voltada para uma mesma direção a mais profunda aspiração do espírito humano, tal como ela se exprime na busca de Deus; e conjuntamente na busca, mediante a tensão no sentido de Deus, da plena dimensão da humanidade, ou seja, do sentido pleno da vida humana. O Concílio dedicou uma particular atenção à religião judaica, recordando o grande patrimônio espiritual que é comum aos cristãos e aos judeus, e exprimiu a sua estima para com os crentes do Islã, cuja fé se refere também a Abraão.[10]

---

[9] Cf. S. Justino, *Apologia I*, 46, 1-4; *Apologia II*, 7(8), 1-4; 10, 1-3; 13, 3-4; *Florilegium Patristicum* II, Bonn 1911², p. 81, 125, 129, 133; Clemente de Alexandria, *Stromata* I, 19, 91.94: S. Ch. 30, p. 117s.; 119s.; Conc. Vat. II, Decr. *Ad gentes*, 11: AAS 58 (1966) 960; Const. dogm. *Lumen gentium*, 17: AAS 57 (1965) 21.

[10] Cf. Conc. Vat. II, Decl. *Nostra aetate*, 3-4: AAS 58 (1966) 741-743.

Em virtude da abertura provocada pelo Concílio Vaticano II, a Igreja e todos os cristãos puderam alcançar uma consciência mais completa do mistério de Cristo, "mistério oculto por tantos séculos" (Cl 1,26) em Deus, para ser revelado no tempo, no Homem Jesus Cristo, e para se revelar continuamente, em todos os tempos. Em Cristo e por Cristo, Deus revelou-se plenamente à humanidade e aproximou-se definitivamente dela; e, ao mesmo tempo, em Cristo e por Cristo, o homem adquiriu plena consciência da sua dignidade, da sua elevação, do valor transcendente da própria humanidade e do sentido da sua existência.

Importa, pois, que nós todos – os que somos seguidores de Cristo – nos encontremos e nos unamos em torno dele mesmo. Essa união, nos diversos setores da vida, da tradição e das estruturas e disciplina de cada uma das Igrejas ou das comunidades eclesiais, não poderá ser realizada sem um válido trabalho que se proponha a chegar a um conhecimento recíproco e à remoção dos obstáculos ao longo do caminho para uma perfeita unidade. No entanto, podemos e devemos, já a partir de agora, conseguir e manifestar ao mundo a nossa unidade: ao anunciar o mistério de Cristo, ao tornar patente a dimensão divina e conjuntamente humana da redenção, ao lutar com infatigável perseverança por aquela dignidade que todos os homens alcançaram e podem alcançar continuamente em Cristo, que é a dignidade da graça da adoção divina e simultaneamente dignidade da verdade interior da humanidade, a qual – se na consciência comum do mundo contemporâneo chegou a ter um realce assim tão fundamental – para nós ainda ressalta mais à luz daquela realidade que é ele: Jesus Cristo.

Jesus Cristo é princípio estável e centro permanente da missão que o próprio Deus confiou ao homem. E nessa missão devemos participar todos, nela devemos concentrar todas as nossas forças, uma vez que ela é mais do que nunca necessária para a humanidade do nosso tempo. E se tal missão parece encontrar na nossa época oposições maiores do que em qualquer outro tempo, então essa circunstância demonstra também que ela, na nossa época, é ainda mais necessária e – não obstante as oposições – mais esperada do que nunca. Aqui tocamos indiretamente naquele mistério da economia divina que uniu a salvação e a graça com a cruz. Não foi em vão que Cristo disse certa vez que "o reino dos céus é objeto de violência, e os violentos tornam-se seus senhores" (Mt 11,12); e, ainda, que "os filhos deste mundo são mais sagazes do que os filhos da luz" (Lc 16,8). Aceitemos essa admoestação de bom grado, para sermos como aqueles "violentos de Deus" que tantas vezes pudemos ver na história da Igreja e que descobrimos ainda hoje, a fim de nos unirmos conscientemente na grande missão, ou seja, revelar Cristo ao mundo, ajudar cada um dos homens para que se encontre a si mesmo nele, ajudar as gerações contemporâneas dos nossos irmãos e irmãs, povos, nações, estados, humanidade, países ainda não desenvolvidos e países da opulência, ajudar todos, em suma, a conhecer as "imperscrutáveis riquezas de Cristo" (Ef 3,8), pois essas são para todos e cada um dos homens e constituem o bem de cada um deles.

12. Missão da Igreja e liberdade do homem

Nessa união na missão, da qual decide sobretudo o mesmo Cristo, todos os cristãos devem descobrir aquilo que os une, ainda antes de se realizar a sua plena comunhão. Essa é a união apostólica e missionária, missionária e apostólica. Graças a essa união, podemos juntos aproximar-nos do magnífico patrimônio do espírito humano, que se manifestou em todas as religiões, como diz a Declaração *Nostra aetate* do Concílio Vaticano II.[11] E graças à mesma união, vamos nos aproximar também de todas as culturas, de todas as concepções ideológicas e de todos

---

[11] Cf. Conc. Vat. II, Decl. *Nostra aetate*, 1 s: AAS 58 (1966) 740s.

os homens de boa vontade. E vamos nos aproximar com aquela estima, respeito e discernimento que, já desde os tempos apostólicos, distinguiam a atitude *missionária* e *do missionário*. Basta-nos recordar São Paulo e, por exemplo, o seu discurso no Areópago de Atenas (At 17,22-31). A atitude *missionária* começa sempre por um sentimento de profunda estima para com aquilo "que há no homem" (Jo 2,25), por aquilo que ele, no íntimo do seu espírito, elaborou quanto aos problemas mais profundos e mais importantes; trata-se de respeito para com aquilo que nele operou o Espírito, que "sopra onde quer" (Jo 3,8). A missão não é nunca uma destruição, mas sim uma retomada de valores e uma nova construção, ainda que na prática nem sempre tenha havido plena correspondência com um ideal assim tão elevado. A conversão, que deve ter início na missão, sabemos bem que é obra da graça, na qual o homem há de encontrar-se plenamente a si mesmo.

Por tudo isso, a Igreja do nosso tempo dá grande importância a tudo aquilo que o Concílio Vaticano II expôs na *Declaração sobre a Liberdade Religiosa*, tanto na primeira como na segunda parte do Documento.[12] Sentimos profundamente o caráter

---

[12] Cf. AAS 58 (1966) 929-946.

comprometedor da verdade que Deus nos revelou. Damo-nos conta, em particular, do grande sentido de responsabilidade por essa verdade. A Igreja, por instituição de Cristo, dela é guarda e mestra, sendo precisamente para isso dotada de uma singular assistência do Espírito Santo, a fim de poder guardá-la fielmente e ensiná-la na sua mais exata integridade (cf. Jo 14,26).

No desempenho dessa missão, olhemos para o próprio Cristo, aquele que é o primeiro evangelizador,[13] e olhemos também para os seus Apóstolos, Mártires e Confessores. A *Declaração sobre a Liberdade Religiosa* esclarece, de modo bem convincente, como Cristo e, em seguida, os seus Apóstolos, ao anunciarem a verdade que não provém dos homens, mas sim de Deus – "a minha doutrina não é tão minha como daquele que me enviou", ou seja, o Pai (Jo 7,16) – embora agindo com todo o vigor do espírito, conservam uma profunda estima pelo homem, pela sua inteligência, pela sua vontade, pela sua consciência e pela sua liberdade.[14] De tal modo, a própria dignidade da pessoa humana torna-se conteúdo daquele anúncio, mesmo sem palavras, mas simplesmente por meio do

---

[13] Paulo VI, Exort. apost. *Evangelii nuntiandi*, 6: AAS 68 (1976) 9.

[14] Cf. AAS 58 (1966) 936 ss.

comportamento em relação à mesma pessoa livre. Um comportamento assim parece corresponder às necessidades particulares do nosso tempo. Uma vez que nem em tudo aquilo que os vários sistemas e também homens singulares veem e propagam como liberdade está de fato a verdadeira liberdade do homem, mais a Igreja, por força da sua divina missão, se torna guarda dessa liberdade, a qual é condição e base da verdadeira dignidade da pessoa humana.

Jesus Cristo vai ao encontro do homem de todas as épocas, também do da nossa época, com as mesmas palavras que disse alguma vez: "Conhecereis a verdade, e a verdade os tornará livres" (Jo 8,32). Estas palavras encerram em si uma exigência fundamental e, ao mesmo tempo, uma advertência: a exigência de uma relação honesta para com a verdade, como condição de uma autêntica liberdade; e a advertência, ademais, para que seja evitada qualquer verdade aparente, toda liberdade superficial e unilateral, toda liberdade que não compreenda cabalmente a verdade sobre o homem e sobre o mundo. Ainda hoje, depois de dois mil anos, Cristo continua a aparecer-nos como aquele que traz ao homem a liberdade baseada na verdade, como aquele que liberta o homem daquilo que limita, diminui e como que despedaça essa liberdade nas próprias raízes, na alma do homem, no seu coração e na sua consciência. Que confirmação estupenda disso mesmo deram e não cessam de dar aqueles que, graças a Cristo e em Cristo, alcançaram a verdadeira liberdade e a manifestaram até em condições de constrangimento exterior!

E o próprio Jesus Cristo, quando compareceu prisioneiro diante do tribunal de Pilatos e por ele foi interrogado acerca das acusações que lhe tinham sido feitas pelos representantes do Sinédrio, porventura não respondeu ele: "Para isto é que eu nasci e para isto é que eu vim ao mundo: para dar testemunho da verdade" (Jo 18,37)? Com tais palavras pronunciadas diante do juiz, no momento decisivo, foi como se quisesse confirmar, mais uma vez, o que já havia dito anteriormente: "Conhecereis a verdade, e a verdade vos tornará livres". No decorrer de tantos séculos e de tantas gerações, começando pelos tempos dos Apóstolos, não foi acaso o mesmo Jesus Cristo que tantas vezes compareceu ao lado dos homens julgados por causa da verdade, e não foi ele para a morte talvez juntamente com homens condenados por causa da verdade? Cessa ele, porventura, de continuamente ser o porta-voz e advogado do homem que vive "em espírito e em verdade" (cf. Jo 4,23)? Do mesmo modo que não cessa de sê-lo diante do Pai, assim também continua sendo em relação à história do homem. E a Igreja, por sua vez, apesar de todas as fraquezas que fazem parte da história humana, não cessa de seguir aquele que proclamou: "Aproxima-se a hora, ou melhor, já estamos nela, em que os verdadeiros adoradores adorarão o Pai em espírito e em verdade, porque é assim que o Pai quer os seus adoradores. Deus é espírito, e os que o adoram em espírito e verdade é que o devem adorar" (Jo 4,23s).

III
O HOMEM REMIDO
E A SUA SITUAÇÃO
NO MUNDO CONTEMPORÂNEO

13. Cristo uniu-se a cada um dos homens

Quando, por meio da experiência da família humana, em contínuo aumento a ritmo acelerado, penetramos no mistério de Jesus Cristo, compreendemos com maior clareza que, na base de todos aqueles caminhos ao longo dos quais – de acordo com a sapiência do Sumo Pontífice Paulo VI[1] – a Igreja dos nossos tempos deve prosseguir, existe uma única via: aquela experimentada há séculos e, ao mesmo tempo, a do futuro. Cristo Senhor indicou essa via, sobretudo, quando – como ensina o Concílio – "pela sua encarnação, ele, o Filho de Deus, *se uniu* de certo modo *a cada*

---

[1] Cf. Paulo VI, Enc. *Ecclesiam suam*: AAS 56 (1964) 609-659.

homem".[2] A Igreja reconhece, portanto, como sua tarefa fundamental, fazer com que tal união possa se realizar e se renovar continuamente. A Igreja deseja servir a essa única finalidade: que cada homem possa encontrar Cristo, a fim de que Cristo possa percorrer juntamente com cada homem o caminho da vida, com a potência daquela verdade sobre o homem e sobre o mundo contida no mistério da encarnação e da redenção, e com a potência do amor que de tal verdade irradia. Sobre o pano de fundo dos sempre crescentes processos na história, que na nossa época parecem frutificar de modo particular no âmbito de vários sistemas, de concepções ideológicas do mundo e de regimes, Cristo torna-se, de certo modo, novamente presente, apesar de todas suas aparentes ausências, apesar de todas as limitações da presença e da atividade institucional da Igreja. E Jesus Cristo torna-se presente com a potência daquela verdade e daquele amor que nele se exprimiram como plenitude única e que não se pode repetir, ainda que sua vida na terra tenha sido breve, e ainda mais breve a sua atividade pública.

Jesus Cristo é o caminho principal da Igreja. Ele mesmo é o nosso caminho para "a casa do Pai" (cf. Jo 14,1ss.), e também o caminho para cada homem.

---

[2] Conc. Vat. II, Const. past. *Gaudium et spes*, 22: AAS 58 (1966) 1042.

Por esse caminho que leva de Cristo ao homem, por esse caminho no qual Cristo se une a cada homem, a Igreja não pode ser entravada por ninguém. Isso é exigência do bem temporal e do bem eterno do mesmo homem. Por respeito a Cristo e em razão daquele mistério que a vida da mesma Igreja constitui, esta não pode permanecer insensível a tudo aquilo que serve ao verdadeiro bem do homem, assim como não pode permanecer indiferente àquilo que o ameaça. O Concílio Vaticano II, em diversas passagens dos seus documentos, deixou bem expressa essa fundamental solicitude da Igreja, a fim de que "a vida no mundo seja mais conforme com a dignidade sublime de homem",[3] em todos os seus aspectos, e por tornar essa vida "cada vez mais humana".[4] Essa é a solicitude do próprio Cristo, o Bom Pastor de todos os homens. Em nome de tal solicitude, conforme lemos na Constituição pastoral do Concílio, "a Igreja que, em razão da sua missão e competência, de modo algum se confunde com a comunidade política nem está ligada a qualquer sistema político determinado, é ao mesmo tempo o sinal e a salvaguarda do caráter transcendente da pessoa humana".[5]

---

[3] Conc. Vat. II, Const. past. *Gaudium et spes*, 91: AAS 58 (1966) 1113.

[4] Ibid., 38: AAS 58 (1966) 1056.

[5] Ibid., 76: AAS 58 (1966) 1099.

Aqui, portanto, trata-se do homem em toda sua verdade, com sua plena dimensão. Não se trata do homem "abstrato", mas sim real: do homem "concreto", "histórico". Trata-se de "cada" homem, porque todos e cada um foram compreendidos no mistério da redenção, e com todos e cada um Cristo se uniu, para sempre, através deste mistério. Todo o homem vem ao mundo concebido no seio materno e nasce da própria mãe, e é precisamente por motivo do mistério da redenção que ele é confiado à solicitude da Igreja. Tal solicitude diz respeito ao homem todo, inteiro, e está centrada sobre ele de modo absolutamente particular. O objeto desses cuidados da Igreja é o homem na sua única e singular realidade humana, na qual permanece intacta a imagem e semelhança com o próprio Deus (cf. Gn 1,27). O Concílio indica isso precisamente quando, ao falar de tal semelhança, recorda que o homem é "a única criatura sobre a terra a ser querida por Deus por si mesma".[6] O homem tal como foi "querido" por Deus, como por ele foi eternamente "escolhido", chamado e destinado à graça e à glória, esse homem assim é exatamente "todo e qualquer" homem, o homem "o mais concreto", "o mais real"; esse homem, depois, é o homem em toda a plenitude do mistério de que se tornou participante

---

[6] Conc. Vat. II, Const. past. *Gaudium et spes*, 24: AAS 58 (1966) 1045.

em Jesus Cristo, mistério de que se tornou participante cada um dos quatro bilhões de homens que vivem sobre o nosso planeta, desde o momento em que é concebido sob o coração da própria mãe.

14. Todos os caminhos da Igreja levam ao homem

A Igreja não pode abandonar o homem cuja "sorte", ou seja, a escolha, o chamamento, o nascimento e a morte, a salvação ou a perdição, estão de maneira tão íntima e indissolúvel unidos a Cristo. E trata-se aqui precisamente de todos e cada um dos homens sobre este planeta, nesta terra que o Criador deu ao primeiro homem, dizendo ao mesmo tempo ao homem e à mulher: "Submetei-a [a terra] e dominai-a" (Gn 1,28). Cada homem, pois, em toda a sua singular realidade do ser e do agir, da inteligência e da vontade, da consciência e do coração. O homem nessa sua singular realidade (porque é "pessoa") tem a própria história de vida e, sobretudo, a própria história de alma. O homem que, segundo a interior abertura do seu espírito, e juntamente a tantas e tão diversas necessidades do seu corpo e da sua existência temporal, escreve essa sua história pessoal, o faz por meio de numerosos vínculos, contatos, situações e estruturas sociais que o unem a outros homens; e faz isso a partir do primeiro momento da sua existência sobre a terra, desde o momento da sua concepção e do seu nascimento. O homem, na plena verdade da sua existência, do seu ser pessoal e, ao mesmo tempo, do seu ser comunitário e social – no âmbito da própria família, de sociedades e de contextos bem diversos, no âmbito da própria nação ou povo (e talvez ainda somente do clã ou da tribo), enfim, no âmbito de toda a humanidade – esse homem é o primeiro caminho que a Igreja deve percorrer no cumprimento da sua missão: ele é *a primeira e fundamental via da Igreja,* via traçada pelo próprio Cristo e via que imutavelmente conduz ao longo do mistério da encarnação e da redenção.

Esse homem assim precisamente, em toda a verdade da sua vida, com a sua consciência, com a sua contínua inclinação para o pecado e, ao mesmo tempo, com a sua contínua aspiração pela verdade, pelo bem, pelo belo, pela justiça e pelo amor, preci-samente tal homem tinha diante dos olhos o Concílio Vaticano II, quando, ao delinear a sua situação no mundo contemporâneo, se transferia sempre das componentes externas dessa situação para a verdade imanente da humanidade: "É no íntimo do homem precisamente que muitos elementos combatem entre si. Enquanto, por um lado, ele se experimenta, como criatura que é, multiplamente limitado, por outro, sente-se ilimitado nos seus desejos e chamado a uma vida superior. Atraído por muitas solicitações, vê-se obrigado a escolher entre elas e a renunciar a algumas. Mais ainda, fraco e pecador, faz muitas vezes aquilo que não quer e não realiza o que desejaria fazer. Sofre assim em si mesmo a divisão, da qual tantas e tão graves discórdias se originam para a sociedade".[7]

É esse homem assim que é a via da Igreja; via que se encontra, de certo modo, na base de todos aqueles caminhos pelos quais a Igreja deve caminhar: porque o homem – todos e cada um dos homens, sem exceção alguma – foi remido por Cristo; e porque com o homem – cada homem, sem exceção alguma – Cristo de algum modo se uniu, mesmo quando tal homem disso não se acha consciente: "Cristo, morto e ressuscitado por todos os homens, a estes – a todos e a cada um dos homens – oferece sempre... a luz e a força para poderem corresponder à sua altíssima vocação".[8]

Sendo, portanto, esse homem a via da Igreja, via da sua vida e experiência cotidianas, da sua missão e atividade, a Igreja do nosso tempo tem de estar, de maneira sempre renovada, bem ciente da "situação" de tal homem. E mais: a Igreja deve estar bem ciente das suas possibilidades, que tomam sempre nova

---

[7] Conc. Vat. II, Const. past. *Gaudium et spes*, 10: AAS 58 (1966) 1032.

[8] Ibid., 10: AAS 58 (1966) 1033.

orientação e assim se manifestam; ela tem de estar bem ciente, ao mesmo tempo ainda, das ameaças que se apresentam contra o homem. Ela deve estar cônscia, outrossim, de tudo aquilo que parece ser contrário ao esforço para que "a vida humana se torne cada vez mais humana"[9] e para que tudo aquilo que compõe essa mesma vida corresponda à verdadeira dignidade do homem. Em uma palavra, a Igreja deve estar bem consciente de tudo aquilo *que é contrário* a tal processo de enobrecimento da vida humana.

15. De que é que o homem contemporâneo tem medo

Conservando, pois, viva na memória a imagem que de maneira tão perspicaz e autorizada traçou o Concílio Vaticano II, procuraremos, mais uma vez, adaptar esse quadro aos "sinais dos tempos", bem como às exigências da situação que muda continuamente e evolui em determinadas direções.

O homem de hoje parece estar sempre ameaçado por aquilo mesmo que produz, ou seja, pelo resultado do trabalho das suas mãos e, ainda mais, pelo resultado do trabalho da sua inteligência e das tendências

---

[9] Ibid., 38: AAS 58 (1966) 1056; Paulo VI, Enc. *Populorum progressio*, 21: AAS 59 (1967) 267s.

da sua vontade. Os frutos dessa multiforme atividade do homem, com muita rapidez e de modo muitas vezes imprevisível, passam a ser não tanto objeto de "alienação", no sentido de que são simplesmente tirados daquele que os produz, quanto, ao menos parcialmente e em um círculo consequente e indireto dos seus efeitos, tais frutos se voltam contra o próprio homem. Eles passam então, de fato, a ser dirigidos ou podem ser dirigidos contra o homem. E nisso assim parece consistir o capítulo principal do drama da existência humana contemporânea, em sua mais ampla e universal dimensão. O homem, portanto, cada vez mais vive com medo. Ele teme que os seus produtos, naturalmente não todos e não na maior parte, mas alguns e precisamente aqueles que encerram uma especial porção da sua genialidade e da sua iniciativa, possam ser voltados de maneira radical contra si mesmo; teme que eles possam tornar-se meios e instrumentos de uma inimaginável autodestruição, perante a qual todos os cataclismas e as catástrofes da história, que conhecemos, parecem se perder de vista. Deve fazer-se, portanto, uma interrogação: por que razão tal poder, dado desde o princípio ao homem, poder mediante o qual ele devia dominar a terra (cf. Gn 1,28), se volta assim contra ele, provocando um compreensível estado de inquietude, de consciente ou inconsciente medo, e de ameaça que de diversas maneiras se comunica a toda a família humana contemporânea e se manifesta sob vários aspectos?

Esse estado de ameaça contra o homem, da parte dos seus mesmos produtos, tem várias direções e vários graus de intensidade. Parece que estamos cada vez mais cônscios do fato de a exploração da terra, do planeta em que vivemos, exigir um planeamento racional e honesto. Ao mesmo tempo, tal exploração para fins não somente industriais, mas também militares, o desenvolvimento da técnica não controlado nem enquadrado em um plano com perspectivas universais e autenticamente humanístico, trazem muitas vezes consigo a ameaça para o ambiente natural do homem, alienam-no nas suas relações com a natureza e apartam-no da mesma natureza. E o homem parece muitas vezes não se dar conta de outros significados do seu ambiente natural, para além daqueles somente que servem para os fins de um uso ou consumo imediatos. Quando, ao contrário, era vontade do Criador que o homem comunicasse com a natureza como "senhor" e "guarda" inteligente e nobre, e não como um "desfrutador" e "destrutor" sem respeito algum.

O progresso da técnica e o desenvolvimento da civilização do nosso tempo, que é marcado, aliás, pelo predomínio da técnica, exigem um proporcional desenvolvimento também da vida moral e da ética.

E, no entanto, esse último, infelizmente, parece ficar sempre atrasado. Por isso, esse progresso, de resto tão maravilhoso, em que é difícil não vislumbrar também os autênticos sinais da grandeza do mesmo homem, os quais, em seus germes criativos, já nos são revelados nas páginas do Livro do Gênesis, na descrição da sua mesma criação (cf. Gn 1–2), esse progresso não pode deixar de gerar múltiplas inquietações. Uma primeira inquietação diz respeito à questão essencial e fundamental: esse progresso, de que é autor e defensor o homem, torna de fato a vida humana sobre a terra, em todos os seus aspectos, "mais humana"? Torna-a mais "digna do homem"? Não pode haver dúvida de que, sob vários aspectos, a torna de fato tal. Essa pergunta, todavia, retorna obstinadamente e pelo que respeita àquilo que é essencial em sumo grau: se o homem, enquanto homem, no contexto desse progresso, se torna verdadeiramente melhor, isto é, mais amadurecido espiritualmente, mais consciente da dignidade da sua humanidade, mais responsável, mais aberto para com o outros, em particular para com os mais necessitados e os mais fracos, e mais disponível para proporcionar e prestar ajuda a todos.

Essa é a pergunta que os cristãos devem fazer-se, precisamente porque Cristo os sensibilizou assim de modo universal quanto ao problema do homem. E a mesma pergunta devem também fazer-se todos os homens, especialmente aqueles que participam daqueles ambientes sociais que se dedicam ativamente ao desenvolvimento e ao progresso nos nossos tempos. Ao observar esses processos e tomando parte neles, não podemos deixar que se aposse de nós a euforia nem nos deixar levar por um unilateral entusiasmo pelas nossas conquistas; mas todos devemos fazer-nos, com absoluta lealdade, objetividade e sentido de responsabilidade moral, as perguntas essenciais pelo que se refere à situação do homem, hoje e no futuro. Todas as conquistas alcançadas até agora, bem como as que estão projetadas pela técnica para o futuro, estão de acordo com o progresso moral e espiritual do homem? Nesse contexto o homem, enquanto homem, desenvolve-se e progride, ou regride e degrada-se na sua humanidade? Prevalece nos homens, "no mundo do homem" – que é em si mesmo um mundo de bem e de mal moral – o bem ou o mal? Crescem verdadeiramente nos homens, entre os homens, o amor social, o respeito pelos direitos de outrem – de todos e de cada um dos homens, de cada nação, de cada povo – ou, ao contrário, crescem os egoísmos de vários alcance, os nacionalismos exagerados em vez do autêntico amor à pátria, e, ainda, a tendência de dominar os outros, para além dos próprios e legítimos direitos e méritos,

e de desfrutar de todo o progresso material e técnico-
-produtivo exclusivamente para o fim de predominar
sobre os outros, ou em favor desse ou daquele outro
imperialismo?

Eis as interrogações essenciais que a Igreja não
pode deixar de fazer-se, porque, de maneira mais
ou menos explícita, as fazem a si próprios bilhões
de homens que vivem hoje no mundo. O tema do
desenvolvimento e do progresso anda nas bocas de
todos e aparece nas colunas de todos os jornais e nas
publicações, em quase todas as línguas do mundo
contemporâneo. Não esqueçamos, todavia, que esse
tema não contém somente afirmações e certezas,
mas também perguntas e angustiosas inquietudes.
Estas últimas não são menos importantes do que as
primeiras. Elas correspondem à natureza dialética
fundamental da solicitude do homem pelo homem,
pela própria humanidade e pelo futuro dos homens
sobre a face da terra. A Igreja, que é animada pela fé
escatológica, considera essa solicitude pelo homem,
pela sua humanidade e pelo futuro dos homens sobre
a face da terra e, por consequência, pela orientação
de todo o desenvolvimento e progresso, como um
elemento essencial da sua missão, indissoluvelmente
ligado com ela. E o princípio de tal solicitude encon-
tra-o a mesma Igreja no próprio Jesus Cristo, como

testemunham os Evangelhos. E é por isso mesmo que ela deseja acrescê-la continuamente nele, ao reler a situação do homem no mundo contemporâneo, segundo os mais importantes sinais do nosso tempo.

16. Progresso ou ameaça?

Se, portanto, o nosso tempo, o tempo da nossa geração, o tempo que se vai aproximando do fim do segundo milênio da nossa era cristã, se nos manifesta como um tempo de grande progresso, ele apresenta-se também como um tempo de multiforme ameaça contra o homem, da qual a Igreja deve falar a todos os homens de boa vontade e sobre a qual ela deve constantemente dialogar com eles. A situação do homem no mundo contemporâneo, de fato, parece estar longe das exigências objetivas da ordem moral, assim como das exigências da justiça e, mais ainda, do amor social. Não se trata aqui senão daquilo que teve a sua expressão na primeira mensagem do Criador dirigida ao homem no momento em que lhe dava a terra, para que ele a "dominasse" (Gn 1,28).[10] Esta primeira mensagem de Deus foi confirmada depois, no mistério da redenção, por Cristo Senhor. Isso foi expresso pelo

---

[10] Conc. Vat. II, Decr. *Inter mirifica*, 6: AAS 56 (1964) 147; Const. past. *Gaudium et spes*, 74, 78: AAS 58 (1966) 1095s; 1101s.

Concílio Vaticano II naqueles belíssimos capítulos do seu ensino que dizem respeito à "realeza" do homem, isto é, à sua vocação para participar na função real – o *munus regale* – do mesmo Cristo.[11] O sentido essencial dessa "realeza" e desse "domínio" do homem sobre o mundo visível, que lhe foi confiado como tarefa pelo próprio Criador, consiste na prioridade da ética sobre a técnica, no primado da pessoa sobre as coisas e na superioridade do espírito sobre a matéria.

É por isso mesmo que é necessário acompanhar atentamente todas as fases do progresso hodierno: é preciso, por assim dizer, fazer a radiografia de cada uma das suas etapas exatamente desse ponto de vista. Está em causa o desenvolvimento da pessoa e não apenas a multiplicação das coisas, das quais as pessoas podem servir-se. Trata-se – como disse um filósofo contemporâneo e como afirmou o Concílio – não tanto de "ter mais", mas sim de "ser mais".[12] Com efeito, existe já um real e perceptível perigo de que, enquanto progride enormemente o domínio do homem sobre o mundo das coisas, ele perca os fios essenciais desse seu domínio e, de diversas maneiras, submeta a elas

---

[11] Conc. Vat. II, Const. dogm. *Lumen gentium*, 10; 36: AAS 57 (1965) 14-15; 41-42.

[12] Cf. Conc. Vat. II, Const. past. *Gaudium et spes*, 35: AAS 58 (1966) 1053; Paulo VI, *Discurso ao Corpo Diplomático*, 7 de janeiro de 1965: AAS 57 (1965) 232; Enc. *Populorum progressio*, 14: AAS 59 (1967) 264.

a sua humanidade, e ele próprio se torne objeto de multiforme manipulação, se bem que muitas vezes não diretamente perceptível; manipulação por meio de toda a organização da vida comunitária, mediante o sistema de produção e por meio de pressões dos meios de comunicação social. O homem não pode renunciar a si mesmo nem ao lugar que lhe compete no mundo visível; ele não pode tornar-se escravo das coisas, escravo dos sistemas econômicos, escravo da produção e escravo dos próprios produtos. Uma civilização de feição puramente materialista condena o homem a tal escravidão, embora algumas vezes, indubitavelmente, isso aconteça contra as intenções e as mesmas premissas dos seus pioneiros. Na raiz da atual solicitude pelo homem está, sem dúvida alguma, esse problema. E não é questão aqui somente de dar uma resposta abstrata à pergunta: quem é o homem, mas trata-se de todo o dinamismo da vida e da civilização. Trata-se do sentido das várias iniciativas da vida cotidiana e, ao mesmo tempo, das premissas para numerosos programas de civilização, programas políticos, econômicos, sociais, estatais e muitos outros.

Se ousamos definir a situação do homem contemporâneo como estando longe das exigências objetivas da ordem moral, longe das exigências da justiça e, ainda mais, do amor social, é porque isso é confirmado por fatos bem conhecidos e por confrontos que se podem fazer e que, por mais de uma vez, já tiveram ressonância direta nas páginas das enunciações pontifícias, conciliares e sinodais.[13] A situação do homem na nossa época não é certamente uniforme, mas sim diferenciada de múltiplas maneiras. Essas diferenças não têm somente causas históricas, mas também forte ressonância ética. É por demais conhecido, de fato, o quadro da civilização consumística, que consiste

---

[13] Cf. Pio XII, *Radiomensagem para o 50º aniversário da Encícl. "Rerum novarum" de Leão XIII* (1º de junho de 1941): AAS 33 (1941) 195-205; *Radiomensagem de Natal* (24 de dezembro de 1941): AAS 34 (1942) 10-21; *Radiomensagem de Natal* (24 de dezembro de 1942): AAS 35 (1943) 9-24; *Radiomensagem de Natal* (24 de dezembro de 1943): AAS 36 (1944) 1124; *Radiomensagem de Natal* (24 de dezembro de 1944): AAS 37 (1945) 10-23; *Discurso aos Cardeais* (24 de dezembro de 1946): AAS 39 (1947) 7-17; *Radiomensagem de Natal* (24 de dezembro de 1947): AAS 40 (1948) 8-16; João XXIII, Enc. *Mater et Magistra*: AAS 53 (1961) 401-464; Enc. *Pacem in terris*: AAS 55 (1963) 257-304; Paulo VI, Enc. *Ecclesiam suam*: AAS 56 (1964) 609-659; *Discurso à Assembleia das Nações Unidas* (4 de outubro de 1965): AAS 57 (1965) 877-885; *Populorum progressio*: AAS 59 (1967) 257-299; *Discurso aos camponeses colombianos* (23 de agosto de 1968): AAS 60 (1968) 619-623; *Discurso à Assembleia Geral da II Conferência do Episcopado Latino-Americano* (24 de agosto de 1968): AAS 60 (1968) 639-649; *Discurso à Conferência da FAO* (16 de novembro de 1970): AAS 62 (1970) 830-838; Carta apost. *Octogesima adveniens*: AAS 63 (1971) 401-441; *Discurso aos Cardeais* (23 de junho de 1972): AAS 64 (1972) 496-505; João Paulo II, *Discurso à III Conferência Geral do Episcopado Latino-Americano* (28 de janeiro de 1979): AAS 71 (1979) 187ss; *Discurso aos índios de Cuilapán* (29 de janeiro de 1979): *l.c.*, p. 207ss; *Discurso aos operários de Guadalajara* (30 de janeiro de 1979): *l.c.*, p. 221ss; *Discurso aos operários de Monterrey* (31 de janeiro de 1979): *l.c.*, p. 240ss; Conc. Vat. II, Decl. *Dignitatis humanae*: AAS 58 (1966) 929-941; Const. past. *Gaudium et spes*: AAS 58 (1966) 1025-1115: Documento *Synodi Episcoporum, De iustitia in mundo*: AAS 63 (1971) 923-941.

em certo excesso de bens necessários ao homem e a sociedades inteiras – e aqui se trata exatamente das sociedades ricas e muito desenvolvidas –, enquanto as sociedades restantes, ao menos largos estratos destas, sofrem a fome, e muitas pessoas morrem diariamente por desnutrição ou inédia. Simultaneamente sucede que se dá por parte de alguns certo abuso da liberdade, que está ligado precisamente a um modo de comportar-se consumístico, não controlado pela ética, enquanto isso limita contemporaneamente a liberdade dos outros, isto é, daqueles que sofrem notórias carências e se veem empurrados para condições de ulterior miséria e indigência.

Esse confronto, universalmente conhecido, e o contraste a que dedicaram a sua atenção, nos documentos do seu magistério, os Sumos Pontífices do nosso século, mais recentemente João XXIII assim como Paulo VI,[14] representam como que um gigantesco desenvolvimento da parábola bíblica do rico avarento e do pobre Lázaro (cf. Lc 16,19-31).

A amplitude do fenômeno põe em questão as estruturas e os mecanismos financeiros, monetários, produtivos e comerciais que, apoiando-se em diversas

---

[14] Cf. João XXIII, Enc. *Mater et Magistra*: AAS 53 (1961) 418ss; Enc. *Pacem in terris*: AAS 55 (1963) 289ss; Paulo VI, Enc. *Populorum progressio*: AAS 59 (1967) 257-299.

pressões políticas, regem a economia mundial: eles demonstram-se como que incapazes quer para reabsorver as situações sociais injustas, herdadas do passado, quer para fazer face aos desafios urgentes e às exigências éticas do presente. Submetendo o homem às tensões por ele mesmo criadas, dilapidando, com um ritmo acelerado, os recursos materiais e energéticos e comprometendo o ambiente geofísico, tais estruturas dão margem a que se estendam incessantemente as zonas de miséria e, junto com esta, a angústia, a frustração e a amargura.[15]

Encontramo-nos aqui perante o grande drama que não pode deixar ninguém indiferente. O sujeito que, por um lado, procura auferir o máximo proveito, bem como aquele que, por outro lado, paga as consequências dos danos e das injúrias, é sempre o homem. E tal drama é ainda mais exacerbado pela proximidade com os estratos sociais privilegiados e com os países da opulência, que acumulam os bens em um grau excessivo e cuja riqueza se torna, muitas vezes por causa do abuso, motivo de diversos mal-estares. A isso se juntem a febre da inflação e a praga do desemprego, e eis outros sintomas de tal desordem moral que se

---

[15] Cf. João Paulo II, *Homilia em Santo Domingo*, 3: AAS 71 (1979) 157ss; *Discurso para os índios e os camponeses de Oaxaca*, 2: l.c., p. 207ss; *Discurso aos operários de Monterrey*, 4: l.c., p. 242.

faz sentir na situação mundial e que exige, por isso mesmo, resoluções audaciosas e criativas, conformes com a autêntica dignidade do homem.[16]

Semelhante tarefa não é impossível de realizar. O princípio de solidariedade, em sentido lato, deve inspirar a busca eficaz de instituições e de mecanismos apropriados: quer se trate do setor dos intercâmbios, em que é necessário deixar-se conduzir pelas leis de uma sã competição, quer se trate do plano de uma mais ampla e imediata redistribuição das riquezas e dos controles sobre as mesmas, a fim de que os povos que se encontram em vias de desenvolvimento econômico possam não apenas satisfazer às suas exigências essenciais, mas também progredir gradual e eficazmente.

Não será fácil avançar, porém, nesse difícil caminho, no caminho da indispensável transformação das estruturas da vida econômica, se não intervier uma verdadeira conversão das mentes, das vontades e dos corações. A tarefa exige a aplicação decidida de homens e de povos livres e solidários. Com muita frequência se confunde a liberdade com o instinto do interesse individual e coletivo, ou ainda com o instinto de luta e de domínio, quaisquer que sejam as cores ideológicas de que eles se revistam. E é óbvio que

---

[16] Cf. Paulo VI, Carta apost. *Octogesima adveniens*, 42: AAS 63 (1971) 431.

esses instintos existem e operam, mas não será possível ter uma economia verdadeiramente humana se eles não forem assumidos, orientados e dominados pelas forças mais profundas que se encontram no homem, e que são aquelas que decidem sobre a verdadeira cultura dos povos. E é precisamente dessas fontes que deve nascer o esforço, no qual se exprimirá a verdadeira liberdade do homem, e que será capaz de a assegurar também no campo econômico. O desenvolvimento econômico, juntamente com tudo aquilo que faz parte do seu modo próprio e adequado de funcionar, tem de ser constantemente programado e realizado dentro de uma perspectiva de desenvolvimento universal e solidário dos homens, tomados singularmente, e dos povos, conforme recordava de maneira convincente o meu predecessor Paulo VI na Encíclica *Populorum progressio*. Sem isso, a simples categoria do "progresso econômico" torna-se uma categoria superior, que passa a subordinar o conjunto da existência humana às suas exigências parciais, sufoca o homem, desagrega as sociedades e acaba por desenvolver-se nas próprias tensões e nos próprios excessos.

É possível assumir esse dever; testemunham-no os fatos certos e os resultados, que é difícil enumerar aqui de maneira mais pormenorizada. E uma coisa, contudo, é certa: na base desse campo gigantesco é necessário estabelecer, aceitar e aprofundar o sentido da responsabilidade moral que o homem tem de assumir. Mais uma vez e sempre, o homem. Para nós cristãos tal responsabilidade torna-se particularmente evidente, quando recordamos – e devemos recordá-lo sempre – a cena do juízo final, segundo as palavras de Cristo, referidas no Evangelho de São Mateus (cf. Mt 25,31-46).

Essa cena escatológica tem de ser sempre "aplicada" à história do homem, deve ser sempre tomada como "medida" dos atos humanos, como um esquema essencial de um exame de consciência para cada um e para todos: "Tive fome e não me destes de comer…; estava nu e não me vestistes…; estava na prisão e não fostes visitar-me" (Mt 25,42-43). Estas palavras adquirem um maior cunho de admoestação ainda se pensarmos que, em vez do pão e da ajuda cultural a novos estados e nações que estão despertando para a vida independente, algumas vezes se lhes oferecem, não raro com abundância, armas modernas e meios de destruição, postos a serviço de conflitos armados e de guerras, que não são tanto uma exigência da defesa dos seus justos direitos e da sua soberania, quanto sobretudo uma forma de "chauvinismo", de imperialismo e de neocolonialismo de vários gêneros. Todos sabemos bem que as zonas de miséria ou de fome, que existem no nosso globo, poderiam ser "fertilizadas" em um breve espaço de tempo, se os gigantescos investimentos para os armamentos, que servem para a guerra e para a destruição, tivessem sido, em contrapartida, convertidos em investimentos para a alimentação, que servem para a vida.

Essa consideração talvez permaneça parcialmente "abstrata"; talvez dê margem a uma e a outra "parte" para se acusar reciprocamente, esquecendo cada qual as próprias culpas; talvez provoque até mesmo novas acusações contra a Igreja.

Esta, porém, não dispondo de outras armas, senão das do espírito, das armas da palavra e do amor, não pode renunciar a pregar a Palavra, insistindo oportuna e inoportunamente (cf. 2Tm 4,2). Por isso, ela não cessa de solicitar a cada uma das partes e de pedir a todos, em nome de Deus e em nome do homem: "Não mateis! Não prepareis para os homens destruições e extermínio! Pensai nos vossos irmãos que sofrem a fome e a miséria! Respeitai a dignidade e a liberdade de cada um!".

17. Direitos do homem "letra" ou "espírito"

O nosso século tem sido até agora um século de grandes calamidades para o homem, de grandes devastações, não só materiais, mas também morais, ou melhor, talvez sobretudo morais. Não é fácil, certamente, comparar épocas e séculos sob este aspecto, uma vez que isso depende também dos critérios históricos que mudam. Não obstante, prescindido muito embora de tais comparações, importa verificar que até agora este século foi um tempo em que os homens prepararam para si mesmos muitas injustiças e sofrimentos. Esse processo terá sido decididamente entravado? Em qualquer hipótese, não se pode deixar de recordar aqui, com apreço e com profunda esperança para o futuro, o esforço magnífico realizado para dar vida à Organização das Nações Unidas, um esforço que tende para definir e estabelecer os objetivos e invioláveis direitos do homem, obrigando-se os Estados-membros reciprocamente a uma observância rigorosa dos mesmos. Esse compromisso foi aceito e ratificado por quase todos os Estados do nosso tempo, e isso deveria constituir uma garantia para que os direitos do homem se tornassem, em todo o mundo, o princípio fundamental do empenho em prol do bem do próprio homem.

A Igreja não precisa confirmar quanto esse problema está intimamente ligado com a sua missão no mundo contemporâneo. Ele está, com efeito, nas mesmas bases da paz social e internacional, como declararam a este propósito João XXIII, o Concílio Vaticano II e depois Paulo VI, com documentos pormenorizados. Em última análise, a paz reduz-se ao respeito dos direitos invioláveis do homem – "efeito da justiça será a paz" – ao passo que a guerra nasce da violação desses direitos e acarreta consigo ainda mais graves violações dos mesmos. Se os direitos do homem são violados em tempo de paz, isso se torna particularmente doloroso e, sob o ponto de vista do progresso, representa um incompreensível fenômeno de luta contra o homem, que não pode de maneira alguma pôr-se de acordo com qualquer programa que se autodefina "humanístico". E qual seria o programa social, econômico, político e cultural que poderia renunciar a essa definição? Nós nutrimos a convicção profunda de que não há no mundo de hoje nenhum programa em que, até mesmo sobre a plataforma de ideologias opostas quanto à concepção do mundo, não seja posto sempre em primeiro lugar o homem.

Ora, se apesar de tais premissas, os direitos do homem são violados de diversas maneiras, se na prática somos testemunhas dos campos de concentração, da violência, da tortura, do terrorismo e de multíplices discriminações, isso deve ser uma consequência de outras premissas que minam ou, muitas vezes, quase anulam a eficácia das premissas humanísticas daqueles programas e sistemas modernos. Então se impõe necessariamente o dever de submeter os mesmos programas a uma contínua revisão sob o ponto de vista dos objetivos e invioláveis direitos do homem.

A Declaração desses direitos, juntamente com a instituição da Organização das Nações Unidas, não tinham certamente apenas a finalidade de nos apartar das horríveis experiências da última guerra mundial, mas também a finalidade de criar uma base para uma contínua revisão dos programas, dos sistemas e dos regimes, precisamente sob esse fundamental ponto de vista, que é o bem do homem – digamos, da pessoa na comunidade – e que, qual fator fundamental do bem comum, deve constituir o critério essencial de todos os programas, sistemas e regimes. Caso contrário, a vida humana, mesmo em tempo de paz, está condenada a vários sofrimentos; e, ao mesmo tempo, junto com tais sofrimentos, desenvolvem-se várias formas de dominação, de totalitarismo, de neocolonialismo e de imperialismo, as quais ameaçam até mesmo a convivência entre as nações. Na verdade, é um fato significativo e confirmado por mais de uma vez pelas experiências da história que a violação dos direitos do homem anda coligada com a violação dos direitos da nação, com a qual o homem está unido por ligames orgânicos, como que com uma família maior.

Já desde a primeira metade deste século, no período em que se estavam desenvolvendo vários totalitarismos de estado, os quais – como se sabe – levaram à horrível catástrofe bélica, a Igreja havia claramente delineado a sua posição diante desses regimes, que aparentemente agiam por um bem superior, qual seja o bem do Estado, enquanto a história haveria de demonstrar que, ao contrário, aquilo era apenas o bem de determinado partido, que se tinha identificado com o Estado.[17] Esses regimes, na realidade, haviam coarctado os direitos dos cidadãos, negando-lhes o reconhecimento daqueles direitos invioláveis do homem, que, em meados do nosso século, obtiveram a sua formulação no plano internacional. Ao compartilhar a alegria de tal conquista com todos os homens de boa vontade, com todos os homens que amam verdadeiramente a justiça e a paz, a Igreja, cônscia de que a "letra" somente pode matar, ao passo que só "o espírito vivifica" (cf. 2Cor 3,6), deve, conjuntamente com esses homens de boa vontade, continuamente perguntar se a Declaração dos Direitos do Homem e a aceitação da sua "letra" significam em toda parte também a realização do seu "espírito". Surgem, efetivamente, receios fundados de que frequentemente estamos ainda longe de tal realização, e de que por

---

[17] Pio XI, Enc. *Quadragesimo anno*: AAS 23 (1931) 213; Enc. *Non abbiamo bisogno*: AAS 23 (1931) 285-312; Enc. *Divini Redemptoris*: AAS 29 (1937) 65-106; Enc. *Mit brennender Sorge*: AAS 29 (1937) 145-167; Pio XII, Enc. *Summi Pontificatus*: AAS 31 (1934) 413-453.

vezes o espírito da vida social e pública se acha em dolorosa oposição com a declarada "letra" dos direitos do homem. Esse estado de coisas, gravoso para as respectivas sociedades, tornaria aqueles que contribuem para o determinar particularmente responsáveis, perante essas sociedades e perante a história do homem.

O sentido essencial do Estado, como comunidade política, consiste nisto: que a sociedade e, quem a compõe, o povo, é soberana do próprio destino. Tal sentido não se torna uma realidade se, em lugar do exercício do poder com a participação moral da sociedade ou do povo, tivermos de assistir à imposição do poder por parte de um determinado grupo a todos os outros membros da mesma sociedade. Essas coisas são essenciais na nossa época, em que tem crescido enormemente a consciência social dos homens e, conjuntamente com ela, a necessidade de uma correta participação dos cidadãos na vida política da comunidade, tendo em conta as reais condições de cada povo e o necessário vigor da autoridade pública.[18] Estes são, pois, os problemas de primária importância sob o ponto de vista do progresso do próprio homem e do desenvolvimento global da sua humanidade.

A Igreja sempre tem ensinado o dever de agir pelo bem comum; e, procedendo assim, também educou

---

[18] Cf. Conc. Vat. II, Const. past. *Gaudium et spes*, 31: AAS 58 (1966) 1050.

bons cidadãos para cada um dos Estados. Além disso, ela sempre ensinou que o dever fundamental do poder é a solicitude pelo bem comum da sociedade; daqui dimanam os seus direitos fundamentais. Em nome precisamente dessas premissas, respeitantes à ordem ética objetiva, os direitos do poder não podem ser entendidos de outro modo que não seja sobre a base do respeito pelos direitos objetivos e invioláveis do homem. Aquele bem comum que a autoridade no Estado serve será plenamente realizado somente quando todos os cidadãos estiverem seguros dos seus direitos. Sem isso, chega-se ao descalabro da sociedade, à oposição dos cidadãos contra a autoridade, ou então a uma situação de opressão, de intimidação, de violência ou de terrorismo, de que nos forneceram numerosos exemplos os totalitarismos do nosso século. É assim que o princípio dos direitos do homem afeta profundamente o setor da justiça social e se torna padrão para a sua fundamental verificação na vida dos organismos políticos.

Entre esses direitos insere-se, e justamente, o direito à liberdade religiosa ao lado do direito da liberdade de consciência. O Concílio Vaticano II considerou particularmente necessário elaborar uma mais ampla declaração sobre este tema. É o Documento que se intitula *Dignitatis humanae*,[19] no qual foi expressa

---

[19] Cf. AAS 58 (1966) 929-946.

não somente a concepção teológica do problema, mas também a concepção sob o ponto de vista do direito natural, ou seja, da posição "puramente humana", com base naquelas premissas ditadas pela própria experiência do homem, pela razão e pelo sentido da sua dignidade. Certamente, a limitação da liberdade religiosa das pessoas e das comunidades não é apenas uma dolorosa experiência, mas também atinge, antes de tudo, a própria dignidade do homem, independentemente da religião professada ou da concepção que tenha do mundo. A limitação da liberdade religiosa e a sua violação estão em contraste com a dignidade do homem e com os seus direitos objetivos. O documento conciliar acima referido diz com bastante clareza o que é tal limitação e violação da liberdade religiosa. Encontramo-nos em tal caso, sem dúvida alguma, perante uma injustiça radical em relação àquilo que é particularmente profundo no homem e em relação àquilo que é autenticamente humano. Com efeito, até mesmo os fenômenos da incredulidade, da a-religiosidade e do ateísmo, como fenômenos humanos, compreendem-se somente em relação com o fenômeno de religião e da fé. É difícil, portanto, mesmo de um ponto de vista "puramente humano", aceitar uma posição segundo a qual só o ateísmo tem direito de cidadania na vida pública e social, enquanto os homens crentes, quase por princípio, são apenas tolerados ou então tratados como cidadãos de segunda categoria, e até mesmo – o que já tem sucedido – são totalmente privados dos direitos de cidadania.

É necessário, embora com brevidade, tratar também desse tema, porque ele realmente faz parte do complexo das situações do homem no mundo atual, e porque também testemunha quanto essa situação está profundamente marcada por preconceitos e por injustiças de vários gêneros. Se me abstenho de entrar em pormenores nesse campo precisamente, no qual me assistiria um especial direito e dever de fazê-lo, é sobretudo porque, juntamente com todos aqueles que sofrem os tormentos da discriminação e da persegui- ção por causa do nome de Deus, sou guiado pela fé na força redentora da cruz de Cristo. Desejo, no entanto, em virtude de meu múnus, em nome de todos os ho- mens crentes do mundo inteiro, dirigir-me àqueles de quem, de alguma maneira, depende a organização da vida social e pública, pedindo-lhes ardentemente para respeitarem os direitos da religião e da atividade da Igreja. Não se pede nenhum privilégio, mas o respeito de um elementar direito. A atuação desse direito é um dos fundamentais meios para se aquilatar do autêntico progresso do homem em todos os regimes, em todas as sociedades e em todos os sistemas ou ambientes.

IV
A MISSÃO DA IGREJA
E O DESTINO DO HOMEM

18. A Igreja pede pela vocação
do homem em Cristo

Essa visão, necessariamente sumária, da situação do homem no mundo contemporâneo faz-nos voltar ainda mais os nossos pensamentos e corações para Jesus Cristo, para o mistério da redenção, no qual o problema do homem se acha inscrito com especial força de verdade e de amor. Se Cristo "se uniu de certo modo a cada homem",[1] a Igreja, penetrando no íntimo desse mistério, na sua linguagem rica e universal, está vivendo também mais profundamente a própria natureza e missão. Não é em vão que o Apóstolo fala do Corpo de Cristo, que é a Igreja (cf. 1Cor 6,15; 11,3; 12,12s; Ef 1,22s; 2,15s; 4,4s; 5,30; Cl 1,18; 3,15; Rm 12,4s; Gl 3,28). Se esse Corpo

---

[1] Conc. Vat. II, Const. past. *Gaudium et spes*, 22: AAS 58 (1966) 1042.

Místico de Cristo, depois, é Povo de Deus – como dirá por sua vez o Concílio Vaticano II, baseando-se em toda a tradição bíblica e patrística –, isso quer dizer que todos os homens, nele, são penetrados por aquele sopro de vida que provém de Cristo. Desse modo, voltar-se para o homem, voltar-se para seus reais problemas, para suas esperanças e sofrimentos, para suas conquistas e quedas, também faz com que a própria Igreja, como corpo, como organismo e como unidade social, perceba os próprios impulsos divinos, as luzes e as forças do Espírito que provêm de Cristo crucificado e ressuscitado; e é por isso precisamente que ela vive a sua vida. A Igreja não tem outra vida fora daquela que lhe dá o seu Esposo e Senhor. De fato, precisamente porque Cristo, no seu mistério de redenção, se uniu a ela, a Igreja deve estar fortemente unida com cada um dos homens.

Tal união de Cristo com o homem é em si mesma um mistério, do qual nasce o "homem novo", chamado a participar na vida de Deus (2Pd 1,4), criado novamente em Cristo para a plenitude da graça e da verdade (cf. Ef 2,10; Jo 1,14.16). A união de Cristo com o homem é a força e a nascente da força, segundo a incisiva expressão de São João, no prólogo do seu Evangelho: "O Verbo deu-lhes o poder de se tornarem filhos de Deus" (Jo 1,12). É essa força que transforma interiormente o homem, qual princípio de uma vida nova que não fenece nem passa, mas dura para a vida eterna (cf. Jo 4,14). Essa vida, prometida e proporcionada a cada homem pelo Pai em Jesus Cristo, eterno e unigênito Filho, encarnado e nascido da Virgem Maria "ao chegar a plenitude dos tempos" (cf. Gl 4,4), é o complemento final da vocação do homem; é, de alguma maneira, o cumprir-se daquele "destino" que, desde toda a eternidade, Deus lhe preparou. Esse "destino divino" torna-se caminho que ultrapassa todos os enigmas, as incógnitas, as tortuosidades e as curvas do "destino humano" no mundo temporal. Se, de fato, tudo isso, não obstante toda a riqueza da vida temporal, leva por inevitável necessidade à fronteira da morte e à meta da destruição do corpo humano, apresenta-se-nos Cristo para além dessa meta: "Eu sou a ressurreição e a vida. Aquele que crê em mim... não morrerá jamais" (Jo 11,25s). Em Jesus Cristo crucificado, deposto no sepulcro e depois ressuscitado, "brilha para nós a esperança da feliz ressurreição... a promessa da imortalidade futura",[2] em direção à qual o homem caminha, por meio da morte do corpo, partilhando com tudo o que é criado e visível essa necessidade a que está sujeita a matéria.

---

[2] *Missal Romano*, Prefácio dos defuntos I.

Intentamos e procuramos aprofundar cada vez mais a linguagem dessa verdade que o Redentor do homem encerrou na frase: "O espírito é que vivifica, a carne para nada serve" (Jo 6,63). Estas palavras, apesar das aparências, exprimem a mais alta afirmação do homem: a afirmação do corpo que o espírito vivifica!

A Igreja vive essa realidade, vive dessa verdade sobre o homem, o que lhe permite transpor as fronteiras da temporaneidade e, ao mesmo tempo, pensar com particular amor e solicitude em tudo aquilo que, nas dimensões dessa temporaneidade, incide na vida do homem, na vida do espírito humano, onde se afirma aquela inquietude perene, expressa nas palavras de Santo Agostinho: "Fizestes-nos, Senhor, para vós, e o nosso coração está inquieto, até que não repouse em vós".[3] Nessa inquietude criativa bate e pulsa aquilo que é mais profundamente humano: a busca da verdade, a insaciável necessidade do bem, a fome da liberdade, a nostalgia do belo e a voz da consciência. A Igreja, ao procurar ver o homem como que com "os olhos do próprio Cristo", torna-se cada vez mais cônscia de ser a guarda de um grande tesouro, que não lhe é lícito dissipar, mas que deve continuamente aumentar. Com efeito, o Senhor Jesus disse: "Quem não ajunta comigo,

---

[3] Confessiones, I, 1: CSL 33, p. 1.

dispersa" (Mt 12,30). Aquele tesouro da humanidade, enriquecido do inefável mistério da filiação divina (cf. Jo 1,12), da graça de "adoção como filhos" (Gl 4,5) no Unigênito Filho de Deus, mediante a qual dizemos a Deus *Abbá*, Pai" (Gl 4,6; Rm 8,15), é ao mesmo tempo uma força potente que unifica a Igreja, sobretudo, por dentro e que dá sentido a toda a sua atividade. Por tal força, a Igreja une-se com o Espírito de Cristo, com aquele Espírito Santo que o Redentor havia prometido e que comunica continuamente, e cuja descida, revelada no dia do Pentecostes, perdura sempre. Assim, no homem revelam-se as forças do Espírito (cf. Rm 15,13; 1Cor 1,24), os dons do Espírito (cf. Is 11,21; At 2,38), os frutos do Espírito Santo (cf. Gl 5,22s). E a Igreja do nosso tempo parece repetir cada vez com maior fervor e com santa insistência: "Vinde, Espírito Santo!". Vinde! Vinde! "Lavai o que se apresenta sórdido! Regai o que está árido! Sarai o que está ferido! Abrandai o que é rígido! Aquecei o que está frígido! Guiai o que se acha transviado!"[4]

Essa oração ao Espírito Santo, elevada precisamente com a intenção de obter o Espírito, é a resposta a todos os "materialismos" da nossa época. São esses que fazem nascer tantas formas de insaciabilidade do

---

[4] *Missal Romano*, sequência da Missa de Pentecostes.

coração humano. Essa súplica faz-se ouvir de diversas partes e parece que frutifica também de modos diversos. Poder-se-á dizer que, nessa súplica, a Igreja não está sozinha? Sim, pode-se dizer, porque "a necessidade" daquilo que é espiritual é expressa também por pessoas que se encontram fora dos confins visíveis da Igreja.[5] Ou não será isso mesmo confirmado, talvez, por aquela verdade sobre a Igreja, posta em evidência com tanta perspicácia pelo recente Concílio na Constituição dogmática *Lumen gentium*, naquela passagem em que ensina ser a Igreja "sacramento, ou sinal, e instrumento da íntima união com Deus e da unidade de todo o gênero humano"?[6]

Essa invocação ao Espírito e pelo Espírito não é outra coisa senão um constante introduzir-se na plena dimensão do mistério da redenção, no qual Cristo, unido ao Pai e com cada homem, nos comunica sem cessar esse mesmo Espírito que põe em nós os sentimentos do Filho e nos orienta para o Pai (cf. Rm 8,15; Gl 4,6). É por isso que a Igreja da nossa época – época particularmente faminta de Espírito, porque faminta de justiça, de paz, de amor, de bondade, de fortaleza, de responsabilidade e de dignidade humana – deve

---

[5] Cf. Conc. Vat. II, Const. dogm. *Lumen gentium*, 16: AAS 57 (1965) 20.

[6] Ibid., 1: *l.c.*, p. 5.

concentrar-se e reunir-se em torno de tal mistério da redenção, encontrando nele a luz e a força indispensáveis para a própria missão. Com efeito, se o homem – como dizíamos antes – é a via da vida cotidiana da Igreja, é preciso que a mesma Igreja esteja sempre consciente da dignidade da adoção divina que o homem alcança, em Cristo, pela graça do Espírito Santo (cf. Rm 8,15) e da sua destinação à graça e à glória (cf. Rm 8,30).

Ao refletir sempre de modo renovado sobre tudo isso, e aceitando-o com uma fé cada vez mais consciente e com um amor cada vez mais firme, a Igreja torna-se simultaneamente mais idônea para aquele serviço do homem, para o qual a chama Cristo Senhor, quando diz: "O Filho do homem... veio não para ser servido, mas para servir" (Mt 20,28). A Igreja exerce esse seu ministério participando na "tríplice função", que é própria do seu próprio Mestre e Redentor. Essa doutrina, com o seu fundamento bíblico, foi posta em plena luz pelo Concílio Vaticano II, com grande vantagem para a vida da Igreja. Quando, de fato, nos tornamos conscientes dessa participação na tríplice missão de Cristo, no seu tríplice múnus – sacerdotal, profético e real[7] –, simultânea e paralelamente nos

---

[7] Conc. Vat. II, Const. dogm. *Lumen gentium*, 31-36: AAS 57 (1965) 37-42.

tornamos mais conscientes também daquilo que deve servir a Igreja toda, como sociedade e comunidade do Povo de Deus sobre a terra, compreendendo, além disso, qual deva ser a participação de cada um de nós nessa missão e nesse serviço.

19. A Igreja responsável pela verdade

Assim, à luz da sagrada doutrina do Concílio Vaticano II, a Igreja aparece diante de nós como sujeito social da responsabilidade pela verdade divina. Ouçamos com profunda emoção o mesmo Cristo, quando diz: "A palavra que vós ouvis não é minha, é do Pai, que me enviou" (Jo 14,24). Nesta afirmação do nosso Mestre, não se adverte, porventura, aquela responsabilidade pela verdade revelada, que é "propriedade" do mesmo Deus, se até ele, o "Filho unigênito" que vive "no seio do Pai" (Jo 1,18), quando a transmite, como profeta e como mestre, sente necessidade de frisar bem que age em plena fidelidade à sua divina fonte? A mesma fidelidade deve ser uma qualidade constitutiva da fé da Igreja, quer quando ela a professa, quer quando ela a ensina. A fé, como específica virtude sobrenatural infundida no espírito humano, faz-nos participantes no conhecimento de Deus, em resposta à sua Palavra revelada. Por isso se exige que a Igreja, quando professa e ensina a fé, esteja estritamente unida à verdade divina,[8] e que a mesma fé se traduza em comportamentos vividos de obséquio consentâneo à razão.[9] O próprio Cristo, preocupado com essa fidelidade à verdade divina, prometeu à Igreja a particular assistência do Espírito da verdade, concedeu o dom da infalibilidade[10] àqueles a quem confiou o mandato de transmitir tal verdade e de ensiná-la (cf. Mt 28,19) – doutrina esta que já havia sido claramente definida pelo Concílio Vaticano I[11] e que, depois, foi repetida também pelo Concílio Vaticano II[12] – e dotou ainda todo o Povo de Deus de um particular sentido da fé.[13]

Por consequência, tornamo-nos participantes de tal missão de Cristo profeta; e, em virtude da mesma missão e juntamente com ele, servimos à verdade divina na Igreja. A responsabilidade por essa verdade implica também amá-la e procurar obter a sua mais exata compreensão, de maneira a torná-la

---

[8] Cf. Conc. Vat. II, Const. dogm. *Dei Verbum*, 5, 10, 21: AAS 58 (1966) 819, 822 e 827s.

[9] Conc. Vat. I, Const. dogm. *Dei Filius*, 3; Denz-Schönm., 3009.

[10] Cf. Conc. Vat. I, Const. dogm. *Pastor aeternus*: *l.c.*, p. 811-816; Conc. Vat. II, Const. dogm. *Lumen gentium*, 25: AAS 57 (1965) 30s.

[11] Cf. Conc. Vat. I, Const. dogm. *Pastor aeternus*: *l.c.*

[12] Cf. Conc. Vat. II, Const. dogm. *Lumen gentium*, 18-27: AAS 57 (1965) 21-33.

[13] Ibid., 12 e 35: *l.c.*, p. 16-17; 40-41.

mais próxima de nós mesmos e dos outros, com toda a sua força salvífica, com o seu esplendor e com a sua profundidade e simplicidade ao mesmo tempo. Esse amor e essa aspiração por compreender a verdade devem andar juntos, como estão confirmando as histórias pessoais dos Santos da Igreja. Eles eram os mais iluminados pela autêntica luz que esclarece a verdade divina e que aproxima a mesma realidade de Deus, porque se acercavam dessa verdade com veneração e amor: amor, sobretudo, para com Cristo, Palavra viva da verdade divina e, ainda, amor para com a sua expressão humana no Evangelho, na tradição e na teologia. De igual modo hoje são necessárias, antes de tudo, tal compreensão e tal interpretação da Palavra divina; é necessária tal teologia. A teologia teve sempre e continua a ter grande importância para que a Igreja, Povo de Deus, possa participar na missão profética de Cristo de maneira criadora e fecunda. Por isso, os teólogos, como servidores da verdade divina, dedicando os seus estudos e trabalhos a uma cada vez mais penetrante compreensão da mesma verdade, não podem nunca perder de vista o significado do seu serviço na Igreja, contido no conceito do *intellectus fidei*, ou seja, da "inteligência da fé". Esse conceito funciona, por assim dizer, a um ritmo bilateral, segundo a expressão de Santo Agostinho: "*Intellege, ut credas*

– *crede, ut intellegas*".[14] Depois, funciona de maneira correta quando os próprios teólogos procuram servir o Magistério confiado na Igreja aos Bispos, unidos pelo vínculo da comunhão hierárquica com o Sucessor de Pedro, e, ainda, quando se põem a serviço da sua solicitude no ensino e na pastoral, como também quando se põem a serviço dos interesses apostólicos de todo o Povo de Deus.

Como em épocas precedentes, também hoje – e talvez mais ainda – os teólogos e todos os homens de ciência na Igreja são chamados a unir a fé com a ciência e a sapiência, a fim de contribuírem para uma recíproca compenetração das mesmas, como lemos na oração litúrgica da memória de Santo Alberto Magno, Doutor da Igreja. Esse interesse ampliou-se enormemente nos dias de hoje, dado o progresso da ciência humana, dos seus métodos e das suas conquistas no conhecimento do mundo e do homem. E isso diz respeito tanto às chamadas ciências exatas quanto igualmente às ciências humanas, bem como à filosofia, cujas estreitas relações com a teologia foram recordadas pelo Concílio Vaticano II.[15]

---

[14] Cf. S. Agostinho, *Sermo* 43, 7-9: PL 38, 257-258.

[15] Cf. Conc. Vat. II, Const. past. *Gaudium et spes*, 44.57.59.62: AAS 58 (1966) 1064s; 1077ss; 1079s; 1082ss; Decr. *Optatam totius*, 15: AAS 58 (1966) 722.

Nesse campo do conhecimento humano que continuamente se alarga e ao mesmo tempo se diferencia, também a fé deve aprofundar-se constantemente, tornando manifesta a dimensão do mistério revelado e tendendo para a compreensão da verdade, que tem em Deus a única e suprema fonte. Se é lícito – e até mesmo desejável – que aquele trabalho imenso que está por fazer nesse sentido leve em consideração certo pluralismo de métodos, todavia, não pode afastar-se da fundamental unidade no ensino da fé e da moral, como finalidade que lhe é própria. É indispensável, portanto, que haja uma estreita colaboração da teologia com o magistério. Todos os teólogos devem estar particularmente conscientes daquilo que Cristo exprimiu, quando disse: "A palavra que vós ouvis não é minha, é do Pai que me enviou" (Jo 14,24). Ninguém, por conseguinte, pode tratar a teologia como se ela fosse uma simples coletânea dos próprios conceitos pessoais, mas cada um deve ter a consciência de permanecer em íntima união com aquela missão de ensinar a verdade, de que é responsável a Igreja.

A participação no múnus profético do próprio Cristo plasma a vida de toda a Igreja, na sua dimensão fundamental. Uma participação particular em tal múnus compete aos Pastores da Igreja, os quais ensinam e, continuamente e de diversos modos, anunciam e transmitem a doutrina da fé e da moral cristãs. Esse ensino, quer sob o aspecto missionário, quer sob o aspecto ordinário, contribui para congregar o Povo de Deus em torno de Cristo, prepara a participação na Eucaristia e indica os caminhos da vida sacramental. O Sínodo dos Bispos de 1977 dedicou atenção especial à catequese no mundo contemporâneo; e o fruto amadurecido das suas deliberações, experiências e sugestões encontrará, dentro em breve, a sua expressão – em conformidade com a proposta dos participantes no mesmo Sínodo – em um apropriado documento pontifício. A catequese constitui, certamente, uma perene e ao mesmo tempo fundamental forma de atividade da Igreja, na qual se manifesta o seu carisma profético: testemunho e ensino andam juntos. E ainda que aqui se fale em primeiro lugar dos sacerdotes, não se pode deixar de recordar também o grande número de religiosos e religiosas que se dedicam à atividade catequética por amor do divino Mestre. E seria difícil, por fim, não mencionar tantos e tantos leigos que, nessa mesma atividade, encontram a expressão da sua fé e da sua responsabilidade apostólica.

Além disso, é preciso procurar cada vez mais que as várias formas de catequese e os seus diversos campos – começando por aquela forma fundamental que é a catequese "familiar", isto é, a catequese dos pais em relação aos próprios filhos – atestem a participação universal de todo o Povo de Deus no múnus profético do próprio Cristo. É necessário que, coligada a esse fato, a responsabilidade da Igreja pela verdade divina seja cada vez mais, e de diversas maneiras, compartilhada por todos. E, assim, o que é que diremos aqui dos especialistas das diversas disciplinas, dos representantes das ciências naturais e das letras, dos médicos, dos juristas, dos homens da arte e da técnica, e dos que se dedicam ao ensino nos vários graus e especializações? Todos eles – como membros do Povo de Deus – têm a sua parte própria na missão profética de Cristo, no seu serviço à verdade divina, não só por meio do seu modo honesto de comportar-se em relação à verdade, seja qual for o campo a que ela pertença, mas também por educar os outros na verdade ou lhes ensinar a maturar no amor e na justiça.

Desse modo, portanto, o sentido de responsabilidade pela verdade é um dos fundamentais pontos de encontro da Igreja com todos e cada um dos homens; e é igualmente uma das fundamentais exigências que determinam a vocação do homem na comunidade da Igreja. A Igreja dos nossos tempos, guiada pelo sentido de responsabilidade pela verdade, deve perseverar na fidelidade à própria natureza, à qual pertence a missão profética que provém do mesmo

Cristo: "Assim como o Pai me enviou, também eu vos envio a vós… Recebei o Espírito Santo" (Jo 20,21s).

20. Eucaristia e Penitência

No mistério da redenção, isto é, da obra salvífica realizada por Jesus Cristo, a Igreja participa no Evangelho do seu Mestre, não apenas mediante a fidelidade à Palavra e por meio do serviço à verdade, mas igualmente mediante a submissão, cheia de esperança e de amor, ela participa na força da sua ação redentora, que ele expressou e encerrou, de forma sacramental, sobretudo na Eucaristia.[16] Esta é o centro e o vértice de toda a vida sacramental, por meio da qual todos os cristãos recebem a força salvífica da redenção, a começar do mistério do Batismo, no qual somos imersos na morte de Cristo, para nos tornarmos participantes da sua Ressurreição (cf. Rm 6,3ss), como ensina o Apóstolo. A luz desta doutrina, torna-se ainda mais clara a razão pela qual toda a vida sacramental da Igreja e de cada cristão alcança o seu vértice e a sua plenitude precisamente na Eucaristia. Nesse sacramento, de fato, renova-se continuamente, por vontade de Cristo, o mistério do sacrifício que ele fez de si mesmo ao Pai sobre o altar da cruz; sacrifício

---

[16] Cf. Conc. Vat. II, Const. *Sacrosanctum Concilium*, 10: AAS 56 (1964) 102.

que o Pai aceitou, retribuindo essa doação total de seu Filho, que se tornou "obediente até à morte" (Fl 2,8), com a sua doação paterna, ou seja, com o dom da vida nova imortal na ressurreição, porque o Pai é a primeira fonte e o doador da vida desde o princípio. Essa vida nova, que implica a glorificação corporal de Cristo crucificado, tornou-se sinal eficaz do novo dom outorgado à humanidade, dom que é o Espírito Santo, mediante o qual a vida divina, que o Pai tem em si e concede ao Filho ter em si mesmo (cf. Jo 5,26; 1Jo 5,11), é comunicada a todos os homens que estão unidos com Cristo.

A Eucaristia é o sacramento mais perfeito dessa união. Ao celebrarmos e conjuntamente ao participarmos na Eucaristia, unimo-nos a Cristo terrestre e celeste, que intercede por nós junto do Pai (Hb 9,24; 1Jo 2,1); mas unimo-nos sempre mediante o ato redentor do seu sacrifício, por meio do qual ele nos remiu, de modo que fomos "comprados por um preço elevado" (1Cor 6,20). O "preço elevado" da nossa redenção comprova também o valor que o próprio Deus atribui ao homem, e a nossa dignidade em Cristo. Realmente, tornando-nos "filhos de Deus" (Jo 1,12), filhos de adoção (cf. Rm 8,23), à sua semelhança, tornamo-nos ao mesmo tempo "reino de sacerdotes", alcançamos o "sacerdócio real" (1Pd 5,10; 1Pd 2,9), isto é, participamos naquela restituição única e irreversível do homem e do mundo ao Pai, que ele, Filho eterno (cf. Jo 1,1-4.18; Mt 3,17; 11,27; 17,5; Mc 1,11; Lc 1,32.35; 3,22; Rm 1,4; 2Cor 1,19; 1Jo 5,5.20; 2Pd 1,17; Hb 1,2) e ao mesmo tempo verdadeiro Homem, operou de uma vez por todas. A Eucaristia é o sacramento no qual se exprime mais cabalmente o nosso novo ser, e no qual o próprio Cristo, incessantemente e sempre de maneira nova, "dá testemunho" no Espírito Santo ao nosso espírito (cf. 1Jo 5,5-11) de que cada um de nós, enquanto participante no mistério da redenção, tem acesso aos frutos da filial reconciliação com Deus (cf. Rm 5,10s; 2Cor 5,18s; Cl 1,20-22), tal como ele mesmo a realizou e continua sempre a realizar no meio de nós, mediante o ministério da Igreja.

É uma verdade essencial, não só doutrinal, mas também existencial, que a Eucaristia constrói a Igreja;[17] e constrói-a como autêntica comunidade do Povo de Deus, como assembleia dos fiéis, assinalada pelo mesmo caráter de unidade de que foram participantes os Apóstolos e os primeiros discípulos do Senhor. A Eucaristia constrói renovando sempre essa comunidade e unidade; constrói-a sempre e regenera-a

---

[17] Conc. Vat. II, Const. dogm. *Lumen gentium*, 11: AAS 57 (1965) 15s; Paulo VI, Discurso de 15 de setembro de 1965: *Ensinamentos de Paulo VI*, III (1965) 1036.

sobre a base do sacrifício do próprio Cristo, porque comemora a sua morte na cruz,[18] com o preço da qual fomos por ele remidos. Por isso, na Eucaristia nós tocamos de certo modo o próprio mistério do Corpo e do Sangue do Senhor, como atestam as suas mesmas palavras no momento da instituição, em virtude da qual tais palavras se tornaram as palavras da perene celebração da Eucaristia, por parte dos chamados a este ministério na Igreja.

A Igreja vive da Eucaristia, vive da plenitude desse sacramento, cujo maravilhoso conteúdo e significado tiveram a sua expressão no Magistério da Igreja, desde os tempos mais remotos até aos nossos dias.[19] Contudo, podemos dizer com certeza que esse ensino – sustentado pela perspicácia dos teólogos, pelos homens de profunda fé e de oração e pelos ascetas e místicos, com toda a sua fidelidade ao mistério eucarístico – permanece como que no limiar, sendo incapaz de captar e de traduzir em palavras aquilo que é a Eucaristia em toda a sua plenitude, aquilo que ela exprime e aquilo que nela se atua. Ela é, de fato, o sacramento inefável! O empenho essencial e, sobretudo, a graça visível e fonte da força sobrenatural

---

[18] Cf. Conc. Vat. II, Const. *Sacrosanctum Concilium*, 47: AAS 56 (1964) 113.

[19] Cf. Paulo VI, Enc. *Mysterium Fidei*: AAS 57 (1965) 533-574.

da Igreja como Povo de Deus é o perseverar e o progredir constantemente na vida eucarística e na piedade eucarística; é o desenvolvimento espiritual no clima da Eucaristia. Com maior razão, portanto, não é lícito nem no pensamento, nem na vida, nem na ação tirar a esse sacramento, verdadeiramente santíssimo, a sua plena dimensão e o seu significado essencial. Ele é ao mesmo tempo sacramento-sacrifício, sacramento-comunhão e sacramento-presença. Ainda que seja verdade que a Eucaristia foi sempre e deve ser ainda agora a mais profunda revelação e celebração da fraternidade humana dos discípulos e confessores de Cristo, ela não pode ser considerada simplesmente como uma "ocasião" para se manifestar tal fraternidade. Ao celebrar o sacramento do Corpo e do Sangue do Senhor, é necessário respeitar a plena dimensão do mistério divino, o pleno sentido desse sinal sacramental, em que Cristo, realmente presente, é recebido, a alma é repleta de graça e é dado o penhor da glória futura.[20] Daqui deriva o dever de uma rigorosa observância das normas litúrgicas e de tudo aquilo que testemunha o culto comunitário rendido ao mesmo Deus, tanto mais que ele, neste sinal sacramental, se nos entrega com confiança ilimitada, como se não

---

[20] Cf. Conc. Vat. II, Const. *Sacrosanctum Concilium*, 47: AAS 56 (1964) 113.

tivesse em consideração a nossa fraqueza humana, a nossa indignidade, os nossos hábitos, a rotina, ou até mesmo a possibilidade de ultraje. Todos na Igreja, mas principalmente os bispos e os sacerdotes, devem vigiar por que este sacramento de amor esteja no centro da vida do Povo de Deus e por que, mediante todas as manifestações do culto devido, se proceda de molde a pagar "amor com amor" e a fazer com que ele se torne verdadeiramente "a vida das nossas almas" (cf. Jo 6,52.58; 14,6; Gl 2,20). Nem poderemos, ainda, esquecer nunca as seguintes palavras de São Paulo: "Examine-se, pois, cada qual a si mesmo e, assim, coma deste pão e beba deste cálice" (1Cor 11,28).

Essa exortação do Apóstolo indica, pelo menos indiretamente, o estreito ligame existente entre a Eucaristia e a Penitência. Com efeito, se a primeira palavra do ensino de Cristo, a primeira frase do Evangelho da Boa-Nova, foi: "Fazei penitência e acreditai na Boa-Nova" (*metanoèite*) (Mc 1,15), o sacramento da paixão, da cruz e ressurreição parece reforçar e consolidar, de modo absolutamente especial, tal convite às nossas almas. A Eucaristia e a Penitência tornam-se assim, em certo sentido, uma dimensão dúplice e, ao mesmo tempo, intimamente conexa, da autêntica vida segundo o espírito do Evangelho, da vida verdadeiramente cristã. Cristo, que convida para o banquete eucarístico, é sempre o mesmo Cristo que exorta à penitência, que repete o "convertei-vos" (Mc 1,15). Sem esse constante e sempre renovado esforço pela conversão, a participação na Eucaristia ficaria privada da sua plena eficácia redentora, falharia ou, de qualquer modo, ficaria enfraquecida nela aquela particular disponibilidade para oferecer a Deus o sacrifício espiritual (cf. 1Pd 2,5), no qual se exprime de modo essencial e universal a nossa participação no sacerdócio de Cristo. Em Cristo, de fato o sacerdócio está unido com o próprio sacrifício, com a sua entrega ao Pai; e tal entrega, precisamente porque é ilimitada, faz nascer em nós – homens sujeitos a multíplices limitações – a necessidade de nos voltarmos para Deus, de uma forma cada vez mais amadurecida e com uma constante conversão, cada vez mais profunda.

Nos últimos anos muito se fez para pôr em realce – em conformidade, aliás, com a mais antiga tradição da Igreja – o aspecto comunitário da penitência e, sobretudo, do sacramento da Penitência na prática da Igreja. Essas iniciativas são úteis e servirão certamente para enriquecer a prática penitencial da Igreja contemporânea. Não podemos esquecer, no entanto, que a conversão é um ato interior de uma profundidade particular, no qual o homem não pode ser substituído pelos outros, não pode fazer-se "substituir" pela comunidade. Muito embora a comunidade fraterna dos fiéis, participantes na celebração penitencial, seja muito útil para o ato da conversão pessoal, todavia, definitivamente é necessário que nesse ato se pronuncie o próprio indivíduo, com toda a profundidade da sua consciência, com todo o sentido da sua culpabilidade e da sua confiança em Deus, pondo-se diante dele, à semelhança do salmista, para confessar: "Pequei contra vós!" (Sl 50[51],6). A Igreja, pois, ao observar fielmente a plurissecular prática do sacramento da Penitência – a prática da confissão individual, unida ao ato pessoal de arrependimento e ao propósito de se corrigir e de satisfazer – defende o direito particular da alma humana. É o direito a um encontro mais pessoal do homem com Cristo crucificado que perdoa, com Cristo que diz, por meio do ministro do sacramento da Reconciliação: "São-te perdoados os teus pecados" (Mc 2,5); "Vai e doravante não tornes a pecar" (Jo 8,11). Como é evidente, isto é ao mesmo tempo o direito do próprio Cristo em relação a todos e a cada um dos homens por ele remidos. É o direito de encontrar-se com cada um de nós naquele momento-chave da vida humana, que é o momento da conversão e do perdão. A Igreja, ao manter o sacramento da Penitência, afirma expressamente a sua fé no mistério da redenção, como realidade viva e vivificante, que corresponde à verdade interior do homem, corresponde à humana culpabilidade e também aos desejos da consciência humana. "Bem-aventurados os que têm fome e sede de justiça, porque serão saciados" (Mt 5,6). O sacramento da Penitência é o meio para saciar o homem com aquela justiça que provém do mesmo Redentor.

Na Igreja que, sobretudo nos nossos tempos, se reúne especialmente em torno da Eucaristia e deseja que a autêntica comunidade eucarística se torne sinal da unidade de todos os cristãos, unidade essa que vai maturando gradualmente, deve estar viva a necessidade da penitência, quer no seu aspecto sacramental,[21] quer também no que respeita à penitência como virtude. Esse segundo aspecto foi expresso por Paulo VI na Constituição Apostólica *Paenitemini*.[22] Uma das obrigações da Igreja é pôr em prática a doutrina que aí se contém. Trata-se de matéria que deverá, certamente, ser ainda mais aprofundada por nós, em comum reflexão, e tornada objeto de muitas decisões

---

[21] Cf. S. Congregação para a Doutrina da Fé, *Normae pastorales circa absolutionem sacramentalem generali modo impertiendam*: AAS 64 (1972) 510-514; Paulo VI, *Discurso a um grupo de Bispos dos Estados Unidos de América, em visita "ad liminam"* (20 de abril de 1978): AAS 70 (1978) 328-332; João Paulo II, *Discurso a um grupo de Bispos do Canadá em visita "ad liminam"* (17 de novembro de 1978): AAS 71 (1979) 32-36.

[22] Cf. AAS 58 (1966) 177-198.

ulteriores, em espírito de colegialidade pastoral, com respeito pelas diversas tradições relacionadas com esse ponto e pelas diversas circunstâncias da vida dos homens do nosso tempo. Todavia, é certo que a Igreja do novo Advento, a Igreja que se prepara continuamente para a nova vinda do Senhor, tem de ser a Igreja da Eucaristia e da Penitência. Somente com esse perfil espiritual da sua vitalidade e atividade, ela é a Igreja da missão divina, a Igreja *in statu missionis* (em estado de missão), cujo rosto nos foi revelado pelo Concílio Vaticano II.

21. Vocação cristã: servir e reinar

O Concílio Vaticano II, ao elaborar a partir dos próprios fundamentos a imagem da Igreja como Povo de Deus – mediante a indicação da tríplice missão do próprio Cristo, participação na qual nos tornamos verdadeiramente Povo de Deus – pôs em realce também a característica da vocação cristã que se pode definir "real". Para apresentar toda a riqueza da doutrina conciliar sobre isso, seria necessário fazer aqui referência a numerosos capítulos e parágrafos da Constituição *Lumen gentium*, bem como a muitos outros documentos conciliares. No meio de toda essa riqueza, porém, há um elemento que parece emergir: a participação na missão real de Cristo, isto é, o fato de redescobrir em si e nos outros aquela particular dignidade da nossa vocação, que se pode designar por "realeza". Tal dignidade exprime-se na disponibilidade para servir, segundo o exemplo de Cristo, o qual "não veio para ser servido, mas para servir" (Mt 20,28).

Se, portanto, à luz da atitude de Cristo, se pode verdadeiramente "reinar" somente "servindo", ao mesmo tempo esse "servir" exige tal maturidade espiritual, que se tem de defini-la precisamente como "reinar". Para se poder servir os outros digna e eficazmente, é necessário saber dominar a si mesmo, é preciso possuir as virtudes que tornam possível tal domínio. A nossa participação na missão real de Cristo – exatamente na sua "função real" (*munus*) – está intimamente ligada com toda a esfera da moral cristã e também humana.

O Concílio Vaticano II, ao apresentar o quadro completo do Povo de Deus, recordando qual o lugar que nele ocupam, não apenas os sacerdotes, mas também os leigos, e não apenas os representantes da hierarquia, mas também as e os representantes dos institutos de vida consagrada, não deduziu essa imagem somente de uma premissa sociológica. A Igreja, enquanto sociedade humana, pode sem dúvida alguma ser examinada e definida segundo aquelas categorias de que se servem as ciências humanas. Mas tais categorias não são suficientes. Para toda a comunidade do Povo de Deus e para cada um dos seus membros, não se trata somente de um específico "pertencer socialmente", mas sobretudo é essencial, para cada um e para todos, uma particular "vocação". A Igreja, realmente, enquanto Povo de Deus – segundo a doutrina acima aludida de São Paulo, lembrada de modo admirável por Pio XII – é também "Corpo Místico de Cristo".[23] O pertencer a tal "Corpo" deriva de um chamamento particular, junto com a ação salvífica da graça. Portanto, se quisermos ter presente essa comunidade do Povo de Deus, tão vasta e sumamente diferenciada, devemos antes de tudo ver Cristo, que diz, de certo modo, a cada um dos membros dessa mesma comunidade: "Segue-me" (Jo 1,43). Essa é a comunidade dos discípulos, cada um dos quais, de maneira diversa, por vezes muito consciente e coerentemente, e por vezes pouco consciente e muito incoerentemente, segue Cristo. Nisso se manifesta também o aspecto profundamente "pessoal" e a dimensão dessa sociedade, a qual – não obstante todas as deficiências da vida comunitária, no sentido humano desta palavra – é uma comunidade precisamente

---

[23] Pio XII, Enc. *Mystici Corporis*: AAS 35 (1943) 193-248.

pelo fato de que todos a constituem juntamente com o mesmo Cristo, se não por outro motivo, ao menos porque têm nas suas almas o sinal indelével de quem é cristão.

O Concílio Vaticano II aplicou uma atenção muito particular em demonstrar de que maneira essa comunidade "ontológica" dos discípulos e dos confessores deve se tornar cada vez mais, também "humanamente", uma comunidade consciente da própria vida e atividade. As iniciativas do Concílio quanto a isso encontraram a sua continuidade em numerosas iniciativas ulteriores, de caráter sinodal, apostólico e organizativo. Devemos ter sempre presente, no entanto, a verdade de que toda e qualquer iniciativa serve tanto para a verdadeira renovação da Igreja quanto contribui para aportar a autêntica luz de Cristo,[24] uma vez que se baseia sobre uma adequada consciência da vocação e da responsabilidade por essa graça singular, única e que não se pode repetir, mediante a qual cada um dos cristãos na comunidade do Povo de Deus edifica o Corpo de Cristo. Esse princípio, que é a regra-chave de toda a prática cristã – prática apostólica e pastoral, e prática da vida interior e da vida social – deve ser aplicado, em proporção adequada, a

---

[24] Cf. Conc. Vat. II, Const. dogm. *Lumen gentium*, 1: AAS 57 (1965) 5.

todos os homens e a cada um deles. Também o papa e todos os bispos devem aplicá-lo a si mesmos. A esse princípio devem igualmente ser fiéis os sacerdotes, os religiosos e as religiosas. Com base nele, ainda, devem construir a sua vida os esposos, os pais, as mulheres e os homens de condições e de profissões diversas, começando por aqueles que ocupam na sociedade os cargos mais elevados e terminando por quem faz os trabalhos mais simples. É esse justamente o princípio daquele "serviço real" que impõe a cada um de nós, seguindo o exemplo de Cristo, o dever de exigir de si próprio exatamente aquilo para que somos chamado, e a que – para corresponder à vocação – nos obrigamos pessoalmente, com a graça de Deus.

Tal fidelidade à vocação recebida de Deus, mediante Cristo, acarreta consigo a solidária responsabilidade pela Igreja, para a qual o Concílio Vaticano II desejou educar todos os cristãos. Na Igreja, de fato, enquanto comunidade do Povo de Deus, guiada pela ação do Espírito Santo, cada um possui "o próprio dom", conforme ensina São Paulo (1Cor 7,7; cf. 12,7.27; Rm 12,6; Ef 4,7). Esse "dom", porém, embora seja uma vocação pessoal e uma forma também pessoal de participação na obra salvífica da Igreja, serve igualmente para os outros e constrói a

Igreja e as comunidades fraternas nas várias esferas da existência humana sobre a terra.

A fidelidade à vocação, ou seja, a perseverante disponibilidade para o "serviço real", tem significado particular para essa multíplice construção, sobretudo no que se refere às tarefas mais comprometedoras, as quais têm maior influência na vida do nosso próximo e de toda a sociedade. Devem distinguir-se pela fidelidade à própria vocação os esposos, como resulta da natureza indissolúvel da instituição sacramental do Matrimônio. Devem distinguir-se por uma análoga fidelidade à própria vocação os sacerdotes, dado o caráter indelével que o sacramento da Ordem imprime nas suas almas. Ao receber esse sacramento, nós, na Igreja Latina, consciente e livremente comprometemo-nos a viver no celibato; e, por isso, cada um de nós deve fazer todo possível, com a graça de Deus, para ser reconhecido por esse dom e fiel ao vínculo assumido para sempre. E isso não diversamente dos esposos: eles devem tender, com todas as suas forças, para perseverar na união matrimonial, construindo com esse testemunho de amor a comunidade familiar e educando as novas gerações de homens para serem capazes de consagrar, também eles, toda a sua vida à própria vocação, ou seja, àquele "serviço real" do qual nos foram dados o exemplo e o modelo mais belo por Jesus Cristo.

A Igreja de Cristo, que todos formamos, é "para os homens", no sentido de que, baseando-nos no exemplo do próprio Cristo[25] e colaborando com a graça que ele nos obteve, possamos atingir esse "reinar", que significa tornar madura a humanidade em cada um de nós. Humanidade madura significa pleno uso do dom da liberdade, que recebemos do Criador no momento em que ele chamou à existência o homem feito à sua imagem e semelhança. Esse dom encontra plena realização na doação, sem reservas, de toda a pessoa humana, em espírito de amor esponsal a Cristo e, com o mesmo Cristo, a todos aqueles aos quais ele envia homens e mulheres que a ele são totalmente consagrados segundo os conselhos evangélicos. Esse é o ideal da vida religiosa, assumido pelas ordens e congregações, tanto antigas como recentes, e pelos institutos seculares.

Nos nossos tempos, algumas vezes se julga, erroneamente, que a liberdade é fim para si mesma, que cada homem é livre na medida em que usa da liberdade como quer, e que para isso é necessário tender-se na vida dos indivíduos e das sociedades. Mas a liberdade, ao contrário, só é um grande dom quando dela sabemos usar conscientemente, para tudo aquilo

---

[25] Cf. Conc. Vat. II, Const. dogm. *Lumen gentium,* 36: AAS 57 (1965) 41s.

que é o verdadeiro bem. Cristo ensina que o melhor uso da liberdade é a caridade, que se realiza no dom e no serviço. Foi para tal liberdade "que Cristo nos libertou" (Gl 5,1; 13) e nos liberta sempre. A Igreja vai haurir aqui a incessante inspiração, o estímulo e o impulso para a sua missão e para o seu serviço no meio de todos os homens. A verdade plena sobre a liberdade humana acha-se profundamente gravada no mistério da redenção. A Igreja presta verdadeiramente um serviço à humanidade quando tutela essa verdade, com infatigável aplicação, com amor ardente e com diligência maturada; e, ainda, quando, em toda a própria comunidade, através da fidelidade à vocação de cada um dos cristãos, a mesma Igreja a transmite e a concretiza na vida humana. Desse modo é confirmado aquilo a que já nos referimos em precedência, isto é, que o homem é e continuamente se torna a "via" da vida cotidiana da Igreja.

22. A Mãe da nossa confiança

Quando no início do novo pontificado dirijo para o Redentor do mundo o meu pensamento e o meu coração, desejo desse modo entrar e penetrar no ritmo mais profundo da vida da Igreja. Com efeito, se a Igreja vive a própria vida, isso acontece porque ela a vai haurir em Cristo, o qual deseja sempre uma só coisa, isto é, que tenhamos a vida e a tenhamos abundantemente (cf. Jn 10,10). Aquela plenitude de vida que está nele é ao mesmo tempo destinada para o homem. Por isso, a Igreja, ao unir-se a toda a riqueza do mistério da redenção, torna-se Igreja dos homens que vivem; e vivem porque vivificados do interior pela ação do "Espírito da Verdade" (Jo 16,13), e porque assistidos pelo amor que o Espírito Santo difunde nos nossos corações (cf. Rm 5,5). Assim, o objetivo de qualquer serviço na Igreja, seja ele apostólico, pastoral, sacerdotal ou episcopal, é o de manter esse ligame dinâmico do mistério da redenção com todos e cada um dos homens.

Se estamos conscientes desse intento a realizar, então nos parece compreender melhor o que significa dizer que a Igreja é mãe;[26] e, ainda, o que significa que a Igreja, sempre, mas de modo particular nos nossos tempos, tem necessidade de uma Mãe. Devemos uma gratidão especial aos Padres do Concílio Vaticano II por terem expresso essa verdade na Constituição *Lumen gentium*, com a rica doutrina mariológica que nela se encerra.[27] E dado que Paulo VI, inspirado por essa doutrina, proclamou a Mãe de Cristo

---

[26] Cf. Conc. Vat. II, Const. dogm. *Lumen gentium*, 63-64: AAS 57 (1965) 64.

[27] Cf. cap. VIII, 52-69: AAS 57 (1965) 58-67.

"Mãe da Igreja",[28] e que tal denominação teve ampla ressonância, seja permitido também ao seu indigno Sucessor dirigir-se a Maria como Mãe da Igreja, no final das presentes considerações, que era oportuno desenvolver no início do seu serviço pontifical.

Maria é a Mãe da Igreja, porque, em virtude da inefável eleição do mesmo Pai Eterno[29] e sob a particular ação do Espírito de Amor,[30] ela deu a vida humana ao Filho de Deus, "do qual procedem todas as coisas e para o qual vão todas as coisas" (Hb 2,10), e do qual assume a graça e a dignidade da eleição todo o Povo de Deus. O seu próprio Filho quis explicitamente estender a maternidade de sua Mãe – e estendê-la de modo facilmente acessível a todas as almas e a todos os corações – apontando-lhe do alto da cruz como filho o seu discípulo predileto (cf. Jo 19,26). E o Espírito Santo sugeriu-lhe que permanecesse no Cenáculo, após a Ascensão do Senhor, também ela, recolhida na oração e na expectativa, juntamente com os Apóstolos, até ao dia do Pentecostes, quando devia visivelmente nascer a Igreja, saindo da obscuridade (cf. At 1,14; 2).

---

[28] Paulo VI, *Discurso no encerramento da III Sessão do Concílio Ecumênico Vaticano II*, 21 de novembro de 1964: AAS 56 (1964) 1015.

[29] Cf. Conc. Vat. II, Const. dogm. *Lumen gentium*, 56: AAS 57 (1965) 60.

[30] Ibid.

E, em seguida, todas as gerações de discípulos e de quantos confessam e amam Cristo – à semelhança do Apóstolo João – acolheram espiritualmente em sua casa (cf. Jo 19,27) essa Mãe, que assim, desde os mesmos primórdios, isto é, a partir do momento da Anunciação, foi inserida na história da Salvação e na missão da Igreja. Nós todos, portanto, os que formamos a geração hodierna dos discípulos de Cristo, desejamos unir-nos a ela de modo particular. E fazemo-lo com total aderência à tradição antiga e, ao mesmo tempo, com pleno respeito e amor pelos membros de todas as comunidades cristãs.

Fazemo-lo, depois, impelidos por profunda necessidade da fé, da esperança e da caridade. Se, efetivamente, nessa fase difícil e cheia de responsabilidade da história da Igreja e da humanidade advertimos uma especial necessidade de nos dirigir a Cristo, que é o Senhor da sua Igreja e o Senhor da história do homem, em virtude do mistério da redenção, estamos convencidos de que ninguém mais como Maria poderá introduzir-nos na dimensão divina e humana desse mistério. Ninguém como Maria foi introduzido nele pelo próprio Deus. Nisso consiste o caráter excepcional da graça da maternidade divina. Não somente é única e algo que se não pode repetir a dignidade na história do gênero humano, mas também única pela profundidade e pelo raio de ação é a participação de Maria no plano divino da salvação do homem, por meio do mistério da redenção.

Esse mistério formou-se, podemos dizer, sob o coração da Virgem de Nazaré, quando ela pronunciou o seu *fiat* (faça-se). A partir daquele momento esse coração virginal e ao mesmo tempo materno, sob a particular ação do Espírito Santo, acompanha sempre a obra do seu Filho e palpita na direção de todos aqueles que Cristo abraçou e abraça continuamente com o seu inexaurível amor. E, por isso mesmo, esse coração deve ser também maternalmente inexaurível. A característica desse amor materno, que a Mãe de Deus insere no mistério da redenção e na vida da Igreja, encontra a sua expressão na sua singular proximidade em relação ao homem e a todos as suas vicissitudes. Nisso consiste o mistério da Mãe. A Igreja, que a olha com amor e esperança muito particular, deseja apropriar-se desse mistério de maneira cada vez mais profunda. Nisso, de fato, a mesma Igreja reconhece também a via da sua vida cotidiana, que é todo o homem, todos e cada um dos homens.

O eterno amor do Pai, manifestando-se na história da humanidade pelo Filho que o mesmo Pai deu "para que todo aquele que crê nele não pereça mas tenha a vida eterna" (Jo 3,16), aproxima-se de cada um de nós por meio dessa Mãe e, de tal modo, adquire sinais compreensíveis e acessíveis para cada homem. Por conseguinte, Maria deve encontrar-se em todos os caminhos da vida cotidiana da Igreja. Mediante a sua maternal presença, a Igreja ganha certeza de que vive verdadeiramente a vida do seu Mestre e Senhor, de que vive o mistério da redenção em toda a sua vivificante profundidade e plenitude. De igual modo, a mesma Igreja, que tem as suas raízes em numerosos e variados campos da vida de toda a humanidade contemporânea, adquire também a certeza e, dir-se-ia, a experiência de estar bem próxima do homem, de todos e de cada um dos homens, de que é a sua Igreja: Igreja do Povo de Deus.

Perante tais tarefas, que surgem ao longo dos caminhos da Igreja, ao longo daqueles caminhos que o Papa Paulo VI nos indicou claramente na primeira Encíclica do seu pontificado, nós, cônscios da absoluta necessidade de todos esses caminhos e, ao mesmo tempo, das dificuldades que sobre elas se amontoam, sentimos ainda mais ser-nos indispensável uma profunda ligação com Cristo. Ressoam em nós, como um eco sonoro, as palavras que ele disse: "Sem mim, nada podeis fazer" (Jo 15,5). E não só sentimos essa necessidade, mas ainda um imperativo categórico para uma grande, intensa e crescente oração de toda a Igreja. Somente a oração pode fazer com que essas grandes tarefas e dificuldades que se lhes seguem não se tornem fonte de crise, mas ocasião e como que fundamento para conquistas cada vez mais maturadas na caminhada do Povo de Deus em direção à Terra Prometida, nesta etapa da história que se vai aproximando do final do segundo milênio.

Portanto, ao terminar esta meditação, com uma calorosa e humilde exortação à oração, desejo que se persevere nessa oração unidos com Maria, Mãe de Jesus (cf. At 1,14), assim como perseveraram os Apóstolos e discípulos do Senhor, após a Ascensão, no Cenáculo de Jerusalém (cf. At 1,13). E suplico a Maria, celeste Mãe da Igreja, sobretudo, que, nesta oração do novo Advento da humanidade, ela se digne de perseverar conosco, que formamos a Igreja, isto é, o Corpo Místico do seu Filho unigênito. Eu espero que, graças a tal oração, possamos receber o Espírito Santo que desce sobre nós (cf. At 1,8); e, desse modo, tornar-nos testemunhas de Cristo "até às extremidades da terra" (cf. At 1,8), como aqueles que saíram do Cenáculo de Jerusalém no dia do Pentecostes.

Com a bênção apostólica.

Dado em Roma, junto de São Pedro, no dia 4 de março, primeiro domingo da Quaresma, do ano de 1979, primeiro do meu pontificado.

Ioannes Paulus PP. II

SUMÁRIO

I. *Herança*..3
  1. No final do segundo milênio 3
  2. Primeiras palavras do novo pontificado 5
  3. Confiança no Espírito da verdade
    e do amor...7
  4. Referência à primeira Encíclica
    de Paulo VI...9
  5. Colegialidade e apostolado.....................13
  6. Caminho para a união dos cristãos..........16

II. *O mistério da redenção*.............................20
  7. No mistério de Cristo 20
  8. Redenção: renovada criação.....................24
  9. Dimensão divina do mistério
    da redenção...27
  10. Dimensão humana do mistério
    da redenção...29
  11. O mistério de Cristo na base
    da missão da Igreja e do cristianismo.......32
  12. Missão da Igreja e liberdade do homem....36

III. *O homem remido e a sua situação no mundo contemporâneo* 42

13. Cristo uniu-se a cada um dos homens 42

14. Todos os caminhos da Igreja levam ao homem 46

15. De que é que o homem contemporâneo tem medo 49

16. Progresso ou ameaça? 55

17. Direitos do homem "letra" ou "espírito" 64

IV. *A missão da Igreja e o destino do homem* 73

18. A Igreja pede pela vocação do homem em Cristo...73

19. A Igreja responsável pela verdade 80

20. Eucaristia e Penitência............................87

21. Vocação cristã: servir e reinar.................96

22. A Mãe da nossa confiança 103

Rua Dona Inácia Uchoa, 62
04110-020 – São Paulo – SP (Brasil)
Tel.: (11) 2125-3500
paulinas.com.br – editora@paulinas.com.br
Telemarketing e SAC: 0800-7010081